기독교문서선교회 (Christian Literature Center: 약칭 CLC)는 1941년 영국 콜체스터에서 켄 아담스에 의해 시작되었으며 국제 본부는 미국 필라델피아에 있습니다. 국제 CLC는 59개 나라에서 180개의 본부를 두고, 약 650여 명의 선교사들이 이동도서차량 40대를 이용하여 문서 보급에 힘쓰고 있으며 이메일 주문을 통해 130여 국으로 책을 공급하고 있습니다. 한국 CLC는 청교도적 복음주의 신학과 신앙서적을 출판하는 문서선교기관으로서, 한 영혼이라도 구원되길 소망하면서 주님이 오시는 그날까지 최선을 다할 것입니다.

추천사 1

심하보 목사
은평제일교회 담임
대한예수교장로회(예장) 총회장

지금 전 세계는 코로나19 바이러스(COVID-19)로, 일부는 화산과 지진, 홍수와 쓰나미, 그리고 대형 화재로 또 국지적인 분쟁과 전쟁으로 또는 질병으로 임종도 지키지 못한 상태에서 가족이나 친구를 잃거나 다치거나 재산을 잃는다. 극도의 절망과 공포 속에 자신을 돌아보고 믿음을 회복하고 회개하는 사람이 있는가 하면, 심중에 또는 비통함으로 이렇게 질문하는 사람도 있을 것이다.

"하나님, 어디에 계셨습니까?"

우리는 하나님의 계획을 완전히 알지 못한다. 그것은 당연하다. 그러나 우리는 하나님을 알고 있다. 그분은 창조주시며, 만유를 다스리시며, 영원한 계획을 실행하고 계신다. 그뿐만 아니라 우리의 일상에 함께하신다. 하나님은 선인과 악인 모두를 사랑하시고 모두가 구원에 이르기를 원하시기 때문에 그 사랑은 완전하다.

동시에 공의의 하나님이신 그의 사랑에는 조건이 있다. 우리는 차이가 있을 뿐 모두 죄인이다. 우리가 죽음을 맞이하기 전, 하나님의 아들이신 예수 그리스도가 십자가에서 우리 죄를 대속하셨다는 사실을 믿고 구세주로 인정하고 입으로 시인하는 것이다. 그곳이 갈림길이며, 그 후에는 심판이 따른다.

"왜 지금 악을 심판하지 않으십니까"라는 질문보다 우리가 항상, 특히 고난 중에 할 일은 자신을 돌아보고 회개하는 것이다. 회개는 죄에 대한 고백으로 끝나지 않는다.

하나님은 유혹하시거나 받지 않으신다. 유혹과 시험은 사탄으로부터이다. 이기는 자는 상급을 받는다. 감사하는 것이 승리의 길이다.

우리에게는 환난이 닥쳤을 때 하나님이 주시는 말씀이 있다.

> 환난 날에 나를 부르라 내가 너를 건지리니 네가 나를 영화롭게 하리로다(시 50:15).

우리는 고난과 고통당하는 사람들과 동정심으로 함께해야 한다. 그것은 불쌍히 여기는 것이 아니라, 같은 마음으로 함께 생각하고 느끼며 나누는 것이다.

이 책은 "하나님, 어디에 계셨습니까?"라는 질문에 답하기 위해, 그리고 여러 상황에서 더 큰 절망으로 빠지지 않고 오히려 소망을 갖도록 쓰였다.

독자들이 이 책을 통해 하나님을 알고, 하나님을 믿고 소망을 가지며, 위로받기를 바란다.

추천사 2

김형민 목사
빛의자녀교회 담임
한국침례신학대학교와 횃불트리니티신학대학원대학교 이사

이 책을 읽다가 1989년 샌프란시스코에서 직접 경험했던 지진이 떠올랐다.

이 책이 그 당시에 나왔더라면, 교회를 떠났던 수많은 사람이 하나님께 다시 돌아올 수 있었을까?

어윈 W. 루처 목사님의 『하나님, 어디에 계셨습니까?』는 하나님에 대해 의심하는 사람들에게 아주 좋은 책이다. 회의론자들에게 지적인 대답뿐만 아니라, 그들을 전도하며 예수님에게로 직접 인도한다.

저자는 하나님에 대한 모든 질문을 십자가로 풀어간다. 그리고 풍성한 성경 지식을 통해 재난 중에 있는 사람들에게 큰 위로를 준다. 이 책은 하나님과 인간 존재에 대한 근본적인 설명뿐 아니라, 정상적이지 않은 세상에 구주 예수님을 설명한다.

나는 이 책을 읽으며, 지구에서 일어나는 자연 재난에 대해 시원한 해답을 얻었다. 그러나 이 책의 핵심은 '하나님의 최종 판결 앞에 예수님만이 유일하고 영원한 답'이라는 것이다. 이 책은 세상의 어떤 재난보다 더 무서운 지옥의 형벌을 피하도록 안내한다.

우주의 파괴와 지구의 멸망이 점점 다가오고 있다. 이 책은 자아도취에 빠져 있는 인간들이 회개할 수 있도록 더 늦기 전에 하나님 앞에 엎드리게 한다.

루처 목사님은 C. S. 루이스(Clive Staples Lewis)를 이어 나갈, 미국 최고의 영성가이다. 그의 숨겨진 책들을 한국 교계에 소개한 모영윤 번역가와 귀한 출판사에 감사를 드린다.

크리스천 지성인이라면 반드시 루처 목사님의 책들을 읽어 보기를 바란다. 특히 이 세상의 재난을 보며 하나님을 의심하는 사람이 있다면 『하나님, 어디에 계셨습니까?』를 강력히 추천한다. 개인적으로 루처 목사님을 위해 세 번째 추천사를 쓰게 되어 영광으로 생각한다.

추천사 3

이 재 현 목사
청아비전교회 담임
파루시아글로벌미니스트리센터 대표

"어떤 신이 이런 재앙을 허락하겠는가?"

이 책 저자 서문에 나오는 어윈 W. 루처 목사의 증언이다. 2004년 12월 26일 인도네시아 지진 해일로 30만 명이 사망하고, 5만 명이 실종되고, 난민 169만 명이 발생했다. 개신교 보수 인사 중에는 우상을 섬기는 사람들의 죄악에 대한 심판이라고 말하는 이도 있었다.

그러나 다음 해 2005년 8월 31일 허리케인 카트리나가 개신교 대표 국가인 미국의 걸프만 연안을 강타하여 1,300여 명이 목숨을 잃었다. 세계 최강국이 반년이 지나도록 사태를 수습하지 못했고, 매스컴은 "상처 난 미국의 자존심"이라고 전했다.

하나님이 미국을 떠나셨기 때문에 이 참사를 겪었다고 말해야 할까?

어윈 W. 루처 목사님은 이런 질문을 던진다.

"재난을 허락하시는 하나님을 신뢰할 수 있는가?"

오늘도 수한이 다한 자의 죽음이 인간의 죄에 대한 심판이듯이, 자연 재해 또한 인류의 죄에 대한 심판이라는 것이다(롬 6:23; 계 18:10). 하나님은 자연 재해를 일으키시는 것이 아니고, 허용하시는 것이라고 말한다. 하나님의 섭리와 의지의 경계 안에 있다는 것을 증명하는 것이며, 세상이 하나님을 보도록 하는 메가폰이라고 했다. 심판에서 구원을 보아야 한다. 원초적 복음을 찾아야 한다.

루처 목사님은 예수님이 말씀하신 무너진 실로암 망대 사건을 예로 들며, 재앙이 악인과 의인을 나누지 않고 무작위로 일어나는 것이라고 말하고 있다(눅 13:4-5). 이 말씀에서 주님은 회개를 강조하셨다. 대각성을 해야 한다.

자연 재해가 신앙과 국가와 관계없이 발생하고 있다. 예수님은 이에 대해 종말의 징조라고 하셨다(눅 21:10-11, 24-25). 주님의 오심이 가까운 것이다.

> 인자 앞에 서도록 항상 기도하며 깨어 있으라(눅 21:36).

재림 신앙을 찾아야 한다. 기후 재앙에서 루처 목사님의 통찰을 통해 종말의 때, 한국 교회가 견지해야 할 원초적 복음, 대각성, 재림신앙을 찾게 되었다.

루처 목사님의 또 다른 저서 『팬데믹, 재앙 그리고 자연 재해』를 함께 보기를 추천한다. 이 시대의 믿음에 대한 분명한 답을 얻게 될 것이다. 많은 목회자와 평신도가 애독하기를 소망한다.

하나님, 어디에 계셨습니까?

하나님과 자연 재해에 관한 질문에 답하다

Where was God?
Written by Erwin W. Lutzer
Translated by YoungYun Mo

Originally published in English in the U.S.A. under the title:
Where Was God? by Erwin W. Lutzer
Copyright © 2006 by Erwin W. Lutzer
Korean edition © 2022 by CLC Korea with permission of
Tyndale House Publishers.
All rights reserved.

하나님, 어디에 계셨습니까?
하나님과 자연 재해에 관한 질문에 답하다

2022년 5월 25일 초판 발행

지 은 이 | 어윈 W. 루처
옮 긴 이 | 모영윤

편　　　집 | 도전욱
디 자 인 | 박성숙, 서민정
펴 낸 곳 | (사)기독교문서선교회
등　　　록 | 제16-25호(1980.1.18.)
주　　　소 | 서울특별시 서초구 방배로 68
전　　　화 | 02-586-8761~3(본사) 031-942-8761(영업부)
팩　　　스 | 02-523-0131(본사) 031-942-8763(영업부)
이 메 일 | clckor@gmail.com
홈페이지 | www.clcbook.com
송금계좌 | 기업은행 073-000308-04-020 (사)기독교문서선교회
일련번호 | 2022-50

ISBN 978-89-341-2388-0 (03230)

이 한국어판 저작권은 Tyndale House Publishers와 독점 계약한 (사)기독교문서
선교회가 소유합니다. 신저작권법에 의하여 한국 내에서 보호를 받는 저작물이
므로 무단 전재와 무단 복제를 금합니다.

하나님, WHERE WAS GOD?
어디에 계셨습니까?

어윈 W. 루처 지음
모영윤 옮김

하나님과 자연 재해에 관한 질문에 답하다

CLC

목차

추천사 1 **심하보 목사** | 은평제일교회 담임, 대한예수교장로회(예장) 총회장 1
추천사 2 **김형민 목사** | 빛의자녀교회 담임 3
추천사 3 **이재현 목사** | 청아비전교회 담임 5

저자 서문	13
역자 서문	24

제1장 우리는 감히 해답들을 찾을 수 있을까?   27

1. 유럽을 뒤흔든 지진	28
2. 설명해 주세요, 제발!	30
3. 가능한 모든 세계 중 최고?	35
4. 그리스도인의 소망	42
5. 바람, 비, 무너진 집	47
6. 토론을 위한 질문	52

제2장 자연 재해는 하나님의 책임?   53

1. 재난에 대한 하나님의 책임을 배제?	57
2. 성경 속 재앙	67
3. 감히 하나님께 악을 씌워?	73
4. 동정심으로 응답	80
5. 토론을 위한 질문	87

제3장 배워야 할 교훈이 있는가?   88

1. 재해는 무작위로 발생한다	90
2. 배울 수 있는 교훈	94
3. 인간의 이중성	98
4. 생명의 불확실성	100
5. 자기 망상의 위험	104
6. 토론을 위한 질문	109

제4장 재난은 하나님의 심판?   **110**

    1. 미국에 분노하신 하나님?   114
    2. 재난과 종말   118
    3. 탈출로   123
    4. 우리의 주의를 끄시는 하나님?   124
    5. 구출 또는 실종   128
    6. 토론을 위한 질문   130

제5장 여전히 하나님을 믿음   **131**

    1. 무신론의 종말   132
    2. 지적 답변   136
    3. 개인적 답변   142
    4. 의심에 대처   147
    5. 토론을 위한 질문   156

제6장 친구의 질문에 답변   **157**

    1. 우리는 슬퍼해야 하나?   158
    2. 반드시 감사   161
    3. 선택   164
    4. 확고한 근거   166
    5. 토론을 위한 질문   172

에필로그   **173**

    1. 큰 것(BIG ONE)에 대비하라   173
    2. 최후의 저주를 피하라   175

우리를 위한 기도   **180**

시편 46:1-11

하나님은 우리의 피난처시요 힘이시니
환난 중에 만날 큰 도움이시라
그러므로 땅이 변하든지
산이 흔들려 바다 가운데에 빠지든지
바닷물이 솟아나고 뛰놀든지
그것이 넘침으로 산이 흔들릴지라도
우리는 두려워하지 아니하리로다 (셀라)(시 46:1-3).

이르시기를
너희는 가만히 있어
내가 하나님 됨을 알지어다
내가 뭇 나라 중에서 높임을 받으리라
내가 세계 중에서 높임을 받으리라 하시도다
만군의 여호와께서 우리와 함께 하시니
야곱의 하나님은 우리의 피난처시로다 (셀라)(시 46:10-11).

저자 서문

어윈 W. 루처 박사
시카고 무디교회 원로목사

이 책은 2005년 10월 8일 인도와 파키스탄에서 발생한 지진에서 살아남은 어린이들에 대한 CNN 특별 보도를 보다가 내 마음속에서 시작되었다. 겁에 질린 젊은이들을 도우려는 자원봉사자들을 지켜보면서, 떠오르는 질문은 이것이었다.

'어떤 신이 이런 재앙을 허락하겠는가?'

대부분 고아가 된 아이들은 붕대를 감고 멍이 들어 있었다. 어떤 사람들은 눈이 부었고, 어떤 사람들은 돌처럼 침묵 속에 앉아 있었다. 그들은 그 경험으로 확실히 충격을 받은 것 같았다. 아직 적절한 구호 시설이 없는 상태에서, 자원봉사자들은 생존자들에게 편안함과 기본적 필수품을 제공하기 위해 최선을 다하고 있었다. 그러나 외딴 마을에 갇힌 많은 사람은 아무런 도움도 받지 못했다.

의심할 여지 없이 CNN 특집 방송을 통해 이미 많은 아이가 죽었고, 살아남은 아이들은 외로움과 트라우마로 고통스러운 삶을 살고 있다는 것을 알게 되었다.

2005년 지진으로 8만 명이 사망했고, 사망자 수의 여러 배 되는 사람들이 상처를 입었다. 이 지진은 2004년 12월 스리랑카, 태국, 인도 기타 여러 국가를 휩쓸었던 쓰나미 등 현대 역사상 가장 큰 자연 재해 직후에 발생했다. 재난으로 인한 추정 사망자 수는 24만 명에 이르지만, 누구도 정확하게 알지 못한다.

쓰나미가 발생한 지 1년이 지난 지금까지 200만 명이 여전히 집을 잃은 상태이며, 그들 중 많은 사람이 삶을 다시 시작하는 것조차 엄두를 내지 못하고 있다. 아이들은 여전히 힘겨운 싸움을 하고 있으며, 가족은 흩어져 있고, 5만 명이 실종으로 등록되어 있다. 오늘도 일부 사람은 자녀들이나 친척이 아직 살아 있으리라는 희망을 품고 찾아 헤매고 있다.

이런 재난으로 흘린 눈물의 양동이 수를 누가 계산할 수 있겠는가?

미국에 사는 사람들은 2005년 8월 미국 걸프만 연안의 많은 부분을 휩쓸었던 허리케인 카트리나를 즉시 떠올린다. 수천 명의 사람이 슈퍼돔 주변에 모이는 모습이 우리 마음에 새겨져 있고 사연들은 넘쳐나고 있다. 한 어머니는 불어난 물에 휩쓸려 가는 아이에게 전화를 걸었다. 살기 위한 소망으로 구조를 기다리는 가족이 요동치는 다락방에 웅크리고 있었다. 전체적으로 천 명 이상의 사람이 죽었고, 수십만 명이 여전히 정상을 회복하기 위해 기다리고 있다. 생존자들은 자신의 집이 결코 복구될 수 없다는 것을 알고, 보험금 지급을 위해 싸우면서 대피소에 살고 있다고 한다. 그리고 이 재난의 여파로 많은 어린아이가 여전히 실종 상태다.

전반적으로 2005년은 역사상 허리케인이 가장 활발한 시기였다. 27개의 열대 태풍(14개의 허리케인을 포함)의 이름이 명명되었다. 그러나 잘 알려지지 않은 재난으로 인한 참화 역시 마찬가지로 개개의 가족과 아이들에는 끔찍한 일이다. 큰 규모의 사건은 뉴스를 만들지만, 알려지지 않은 작은 규모의 비극으로 인해 사람들은 매일 죽고 파괴되고 있다.

어떤 사람들은 우리가 하나님이나 사람에게서 답을 구하지 말아야 한다고 생각한다. 그들은 이러한 재난이 너무 커서 그 안에 어떤 숨겨진 의미가 그런 일에 대한 도움이나 격려가 되는 어떤 말도 찾을 수 없다고 믿는다.

사랑하는 사람의 죽음을 슬퍼하는 사람들의 고통을 덜어주기 위해 어떤 말도 할 수 없다는 것을 잘 알고 있다. 대부분의 부모는 기독교인이 그들의 자녀를 데려가는 데 하나님의 어떤 숨겨진 목적이 있다고 말할 때 위로를 받지 못할 것이다.

부모님이 무너진 집에서 돌아가셨다는 사실을 막 알게 된 아이는 하나님이 정말 보살펴 주신다는 믿음과 더 좋은 결말을 위해 이런 일을 하셨다는 확신에 찬 말로는 위로

받지 못할 것이다.

말뿐인 답변은 상처가 될 뿐 도움이 되지 않을 수 있다. 때때로 우리는 슬퍼하는 사람들 옆에 앉아서 그들과 함께 하나님의 약속과 목적에 대해 격정적으로 이야기하기보다 우리가 그들에게 관심이 있음을 알려주는 것이 필요하다.

나는 종종 공포를 대수롭지 않게 여기는 말보다 아무 말도 하지 않는 것이 더 낫다는 것을 알았다. 때로는 말로 표현할 수 없는 너무 깊은 슬픔이 있고, 설명하기에는 너무 깊은 슬픔이 있으며, 그럴 뿐만 아니라 인간적인 위로 때문에 더 깊은 슬픔이 있다.

표도르 도스토옙스키(Fyodor Dostoyevsky)가 『카라마조프가의 형제들』(*The Brothers Karamazov*)에서 어린아이들이 고통과 재난을 얼마나 잘 기억하는지 생생하게 묘사한다.

> 인간을 행복하게 만들기 위해 인간 운명의 틀을 만들고 있다고 상상해 보라.
> 그들에게 평화와 안식을 주기 위해 단 하나의 어린 생명체가 죽음의 고통을 당하는 것이 필수적이고 불가피하다면 … 당신은 그러한 조건에서 건축가가 되는 것에 동의하겠는가?[1]

---

[1] Fyodor Dostoyevsky, Constance Garnett, trans., *The Brothers Karama*, Modern Library Series (New York: Random House, 1995), 272.

유명한 작가는 그러한 고통은 결코 정당화될 수 없으며, 그것에 대한 적절한 대답이나 설명할 수 있는 어떤 것도 개발되지 않았다고 결론을 짓는다. 자연 재해에 비추어 볼 때 아이들의 고통에 대해서도 같은 말을 할 수 있다. 재난으로 인한 고통이 너무 크므로 재난이 정당화될 수 있다고 믿는 것은 무의미해 보인다. 불충분한 대답을 하는 것보다 오히려 대답하지 않는 것이 낫다.

우리는 자연 재해라는 용어를 사용하지만, 자연 재해와 인간이 행하는 악은 구분해야 하며, 이는 인간의 선택에 따른다는 것을 상기해야 한다. 우리에게 영향을 미치지 않은 바다 한가운데의 쓰나미는 그 자체를 악이라고 생각하지는 않을 것이다. 우리는 그것이 이 행성을 공유하는 사람들에게 가져다주는 파괴를 볼 때만 그것을 악(재난)이라고 말한다. 고통과 죽음을 재난으로 여기기 때문에 악이 된다.

그러나 이러한 해명에도 불구하고 우리가 목격한 끔찍한 사건이 성경에 자신을 계시하신 하나님의 뜻과 일치하는지 물어볼 필요가 있다. 자연 재해는 선하고 돌보시는 하나님에 대한 우리의 믿음의 한계에 도전한다.

고아들에 대한 뉴스를 보고 우리의 믿음을 그대로 유지할 방법은 무엇일까?

수 세기 전에 시편을 많이 썼던 아삽은 악인이 번영하고 의인이 낮아지는 것을 보고 자신의 믿음이 무너지는 것을 발견했다. 그는 낙관적인 말로 시작하지만 의구심을 드러낸다.

> 하나님이 참으로 이스라엘 중 마음이 정결한 자에게 선을 행하시나 나는 거의 넘어질 뻔하였고 나의 걸음이 미끄러질 뻔하였으니 이는 내가 악인의 형통함을 보고 오만한 자를 질투하였음이로다
> (시 73:1-3).

아삽의 문제는 자연 재해는 아니었지만 그런데도 선하고 전능하신 하나님과 계속되는 세상의 불의를 조화시키는 것이 어렵다는 것을 알았다.

우리 중 누가 비애와 불의와 고통당하는 이 행성에 대해 무관심해 보이는 하나님에 대해 궁금해하지 않겠는가?

형언할 수 없는 인간의 슬픔에 대한 하나님의 침묵은 귀가 먹먹하다. 허리케인 카트리나에 대해 언급한 한 아나운서는 이렇게 말했다.

> 이 세상이 지능적인 설계의 산물이라면 설계자는 자신이 하는 일을 설명해야 한다.

물론 우리 중 많은 사람은 설계자가 우리에게 설명할 의무가 없다고 믿는다. 그러나 그분이 성경을 통해 자신을 나타내셨다고 믿는다면, 우리는 세상에서 그분의 방식과 목

적을 어느 정도 엿볼 수 있을 것이다.

나는 화를 내며 전능자를 대적하기로 한 사람들에게는 할 말이 거의 없다. 무신론자들이 왜 하나님이 이런 재난을 허락하시는지 물을 때, 그들은 실제로 하나님을 대적할 때도 하나님의 존재를 가정하고 있다는 것을 제외하고는 말이다.

하나님이 존재하지 않는다면, 자연의 격변이나 인간의 범죄 행위를 막론하고 어떤 것도 악이라고 할 수 없다. 비인격적인 무신론적 세계에서는 무엇이든지 간에 정당하다. 도덕적 판단은 불가능하다. 이 부분은 이 책의 뒷부분에서 다시 설명하겠다.

궁극적으로 우리는 믿음의 문제에 직면한다. 하나님을 아는 사람들은 그분에게 인간의 비극에 대한 정당한 이유가 있다고 믿을 것이며, 다른 사람들은 그러한 믿음을 경멸할 것이다.

나는 몇 가지 목표를 염두에 두고 이 책을 썼다.

첫째, 우리는 하나님과 자연 재해와의 관계에 대해 성경이 무엇이라고 말하는지 알아야만 한다. 그러한 연구는 사람들을 하나님에게서 멀어지게 할 수도 있고(볼테르에게 일어난 일이다), 또는 우리가 더 집중하고 경외심을 가지고 그분을 경외하게 만들 수도 있다.

결국, 나의 목표는 성경의 하나님을 신뢰할 수 있고 믿는 자들에게 주신 약속이 우리의 믿음과 소망의 기초에 합당하다는 확신을 제공하는 것이다.

나는 다음과 같은 질문에 답변해 드리겠다.

- 자연 재해가 하나님이 하신 일이라고 해야 하는가?
- 그러한 비극에 대한 하나님의 개입은 직접적인가? 아니면 간접적인가?
- 왜 우리는 하나님이 그분의 세상에서 일어나는 일에 관심을 가지고 계신다고 믿어야 하는가?
- 성경에 기록된 사람들은 재난을 겪었는가? 그렇다면 그들은 계속 믿었는가?

둘째, 이 세상에서 필요 이상의 고통을 보면서도 우리는 여전히 확신을 가지고 하나님을 신뢰하고 있는지 돌아봐야 한다. 재난을 허락하시는 하나님을 신뢰할 수 있을까?

아니면 더 중요한 것은 그분이 책임져 주신다는 것이 아닐까?

나의 의도는 하나님의 일기장을 들여다보고 하나님의 모든 목적을 볼 수 있는 척하는 것이 아니다. 참으로 이러한 재난에는 우리에게 절대로 알려지지 않을 그분의 목적이 많이 있다. 궁극적으로 하나님만이 모든 이유와 원인을 아신다. 나는 오히려 자연적인 악(재난)이 선하시고 돌보시는 하나님과 양립할 수 없음을 보여 주고 싶다.

우리는 연구에서 많은 수수께끼를 만날 것이다. 그러나 바라건대 우리가 이 세상의 고통으로 슬퍼할 때도 우리를 인도할 많은 통찰력을 얻게 되기를 바란다.

셋째, 재난이 닥쳤을 때 자주 제공되는 선의이기는 하지만 어리석은 해석에 대해 경고하는 것이다. 내가 지적하려는 것은, 기독교인을 포함한 모든 신앙의 사람은 종종 이 사건들을 통해 그들이 보고자 하는 것을 정확하게 읽을 준비가 되어 있다. 우리는 하나님의 뜻에 대한 세부 사항을 분별할 수 있다고 확신하는 신실한 사람들의 말에 주의를 기울여야 한다.

이러한 문제를 명확히 하기 위해 구약성경의 자연 재해와 오늘날 자연 재해의 기능의 차이점을 살펴보겠다. 우리가 이렇게 필요한 구분을 하지 않으면, 유효하지 않고 심지어 해로운 재난에 대한 온갖 종류의 잘못된 판단을 내릴 수 있다고 믿는다.

넷째, 나는 의심하고 고통받는 모든 사람을 위로하기 위해 이 책을 썼다. 아무리 좋은 설명이라도 슬픔에 잠긴 사람들에게 즉각적인 위로를 주지 못하는 것이 사실이지만, 성경의 하나님을 믿는 사람들에게는 응답을 얻기 어려운 경우에도 힘과 위로의 근원은 찾을 수 있다.

이 책의 전반부(제1~4장)는 자연 재해에 대한 좀 더 신학적이고 철학적인 질문을 주로 다루지만, 후반부(제5~6장)는 사적 관심사를 염두에 두고 작성하였다. 그곳에서 나는 독자들에게 믿음으로 하나님을 찾고 이 행성에 어떤 비극이 닥쳐도 계속 믿도록 촉구한다.

나는 또한 의심의 여지가 있는 우리의 개인적인 씨름에 대해 논의하고, 친구들이 우리가 매일 텔레비전에서 보는 비극에 대한 하나님과 그분의 관계에 대해 질문할 때 어떤 말을 해야 할지를 논의할 것이다. 에필로그는 '진짜 큰 것'을 대비하도록 도전한다.

이 연구에서는 사람들이 행하는 악보다는 자연적인 재난에 초점을 맞출 것이다. 분명히, 하나님은 강제 수용소에서 악을 계속해서 행하도록 허락하지 않으신다. 그러나 인간은 그렇다. 지진과 허리케인은 인간의 결정과 직접 연결될 수 없다. 그리고 앞으로 살펴보겠지만 이러한 비극에서 하나님의 역할은 더 즉각적이고 직접적이다.

결과적으로, 인간의 악으로 인해 믿음을 잃지 않을 많은 그리스도인이라도 자연 재해에서는 믿음을 유지하기가 더 어렵다는 것을 알게 된다. 그리스도인조차도 하늘로부터 한마디 위로도 없이 그러한 재난이 일어나도록 허락하시거나 원인이 되는 하나님을 믿을 수 있을지 의아해한다.

존 키츠(John Keats)는 다음과 같이 썼다.

> 다른 삶이 있는가?
> 내가 깨어나 이 모든 꿈을 찾을 수 있을까?
> 반드시 있어야 한다. 우리는 이런 종류의 고통을 위해 창조될 수 없다.

이 생애에 고통이 포함될 것이라는 데는 의심의 여지가 없다. 그러나 그러한 고통에 직면할 때 하나님은 어디에 계신지 연구를 시작하자.

토론을 위한 질문

(1) 당신이나 사랑하는 사람이 자연 재해로 인해 피해를 본 적이 있는가?
(2) 자연 재해를 만날 때 하나님의 선하심에 의문을 제기하는 경향이 있는가?
　아니면 위로를 위해 하나님께 의지하는가?
(3) 어려운 시기에 하나님의 선하심을 믿는 우리의 투쟁을 생각하면 성경의 어떤 구절이 떠오르는가?

역자 서문

모 영 윤 작가

먼저 이 책을 보시고 추천사를 써 주신 모든 분께 깊이 감사드린다. 특히, 모든 교회의 머리가 되신 예수 그리스도의 추천을 소망하며, 오직 하나님만 영광 받으시기를 바란다.

『하나님, 어디에 계셨습니까?』(*Where was God?*)는 원래 한국에서 앞서 번역, 출판된 『팬데믹, 재앙 그리고 자연 재해』 (*Pandemics, Plagues, and Natural Disasters*) 이전에 출판되었으며, 이 책과 일부 중복되지만, 전혀 다른 느낌을 줄 것이다.

저자는 1755년 만성절에 일어난 리스본 지진을 배경으로 하나님의 역할이 무엇인지를 묻고 해답을 찾아가는 여정을 시작한다.

재앙 앞에 다양한 종교의 신자들은 주관적인 해석을 하며, 다른 종교의 심판론을 주장하거나 자신의 신이 구해 주었다는 간증을 한다. 그러나 재해로 인한 피해는 무작위다. 선악과 종교, 인종을 구분하지 않는다.

재난은 우리에게 많은 것을 일깨운다. 삶의 우선순위, 중요한 것과 하찮은 것, 우리가 우리의 운명을 지배하고 있다는 과신으로부터 우리를 깨워 준다. 따라서 불신자가 신자가 되거나 반대로 신자가 불신자가 되거나 도덕적으로 경각심을 가지고 각성하는 경향도 있다. 저자는 다양한 의견에 관해서도 탐구하고 성경에서 말하는 검토를 한다.

저자는 재난이 닥치면 우리는 먼저 적극적으로 피해자들을 도와야 함을 강조한다. 진정한 동정심으로 묵묵히 그들과 함께하며, 필요한 지원을 해야 한다고 한다.

그리고 우리가 잊고 있던 불완전한 행성을 상기시킨다. 세계는 에덴동산의 불순종으로 인해 저주를 받은 인간으로 인해 원래 창조된 세계에서 이전에 누리던 혜택을 누리는 것은 불가능했다.

그래서 자연도 저주를 받고 저주가 풀리기를 학수고대한다. 따라서 자연 재해를 통해 창조주의 숨은 뜻을 찾고자 한다면 성경으로 돌아가야 한다. 인간의 관점이 아닌 하나님의 관점에서 보아야 한다.

믿음을 지키기 위해 또는 전도를 위해 하나님이 자연 재해의 책임자가 아니라는 것은 잠시 위안은 될지라도 근본적인 해답은 되지 않는다. 오히려 그리스도인들이 모든 자연 재해의 책임자는 하나님이라는 것을 발견하게 되면, 오히려 위안을 얻을 것이다.

의인이 불의한 자와 같이 재앙을 당한다고 하더라도 우리는 그분의 선하심을 믿는다. 영원에 비하면 우리는 순간을 사는 존재로서 우리 수명의 길고 짧음이 무의미하다.

전지전능하신 그분의 뜻을 온전히 알 수 없다. 진정한 그리스도인은 이 땅의 복락과 명예를 얻기 위해 사는 것이 아니라 부활을 기대하며 불에 타지 않는 공력을 쌓아 영원한 상급을 기대한다.

또한, 하나님이 책임자라고 해서 그분에게 책임을 물을 수는 없다. 그분은 원래 선악을 초월하신 분이기 때문이다. 하나님은 모든 사람이 구원받기를 원하신다.

> 하나님이 세상을 이처럼(너무 많이) 사랑하사 독생자를 주셨으니 이는 그를 믿는 자마다 멸망하지 않고 영생을 얻게 하려 하심이라(요 3:16).

이 소중한 책의 번역을 맡겨 주신 기독교문서선교회(CLC)의 대표 박영호 목사님과 출판에 수고를 아끼지 않으신 문서 선교의 산 증인들께 감사드리고, 곁에서 항상 기도로 힘을 북돋아 주는 사랑하는 아내에게 감사드린다.

이 책을 선택해 주신 모든 분이 창조주 하나님을 인식하고 예수 그리스도를 구세주로 영접하고 부활의 소망으로 인내하며 모든 시험에 승리하시기를 소망한다.

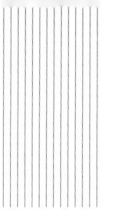

제1장

우리는 감히 해답들을 찾을 수 있을까?

 인간의 비통 앞에 하나님의 침묵은 우리 존재의 가장 큰 수수께끼 중 하나다. 인간이 이유 없는 고통을 당할 때, 우리의 믿음을 다시 생각하고, 우리의 의심에 대처하고, 하나님을 믿을 수 있는지 토론할 수밖에 없다.

 2005년 8월 허리케인 카트리나가 미국 걸프만 연안을 강타했을 때, 보통 그들의 사고에서 하나님을 배제하는 사람들조차도 인간의 필요에 대한 하나님의 명백한 무관심과 씨름하면서 인간 존재에 대해 어려운 질문을 던지고 있었다.

 지진이 여진을 일으키듯 자연 재해는 하나님을 믿는 이들의 신앙에 도전하는 종교적 여진과 회의론자들의 냉소를 동시에 확인하는 종교적 여진을 일으킨다.

 어느 쪽이든 재난은 우리에게 궁극적인 질문을 하도록 강요한다.

1. 유럽을 뒤흔든 지진

우리는 현대의 재난이 아니라 1755년 11월 1일로 거슬러 올라가는 것으로 논의를 시작하자. 리스본 지진은 2004년 말 발생한 쓰나미까지 포함하여 아마도 현대사에서 가장 광범위하고 잘 알려진 자연 재해였을 것이다. 다른 재난들이 더 심했을지도 모르지만, 포르투갈에서 이 재난만큼 널리 논의되거나 심각한 파문을 일으킨 재난은 없었다.

그날 아침 하늘은 맑고 고요하고 아름다웠지만, 한순간에 모든 것이 공포의 도가니로 바뀌었다. 아이러니하게도 이번 지진은 교회들이 예배자로 붐비는 만성절(기독교에서 모든 성인을 기리는 날)에 발생했다.

대피처를 찾는 사람들은 하나님의 집이 그들을 보호해줄 것으로 생각했을 것이다. 실제로 일부 사람들은 아침 9시 30분 미사를 집전하던 사제들과 함께하려고 피난처를 찾아 교회 안으로 뛰어들기도 했다.

목격자들은 군중들의 얼굴에 죽음의 공포가 가득했고, 두 번째 큰 충격이 닥치자 사제들과 교구민들은 모두 하나님께 자비를 외치며 비명을 지르기 시작했다고 말했다. 그러나 하늘은 그들의 간청에 침묵했다. 리스본에 있는 거의 모든 교회가 돌무더기로 전락했고, 그 안에 있던 사람들은 죽었다.

최초 지진이 6초에서 10초 동안 지속된 후, 여진이 계속되며 건물과 집들이 파괴되었다. 도시 전역에 동시에 화재가 발생해 구조 작업이 거의 불가능해졌다. 뒤이어 쓰나미가 해안을 덮쳤고, 높은 파도가 해안을 덮쳐 정박지에 있는 배를 파괴하였고, 해안가를 따라 피난처를 찾던 수백 명의 사람이 익사했다.

밝은 아침 하늘은 그을음과 먼지로 어두워졌다. 토사와 불 그리고 물이 모두 합쳐져 파괴를 증가시키면서, 침착한 목격자들조차 하나님의 설계를 의심했다.[1] 지진은 약 3~6만 명의 인명을 앗아갔고 도시의 4분의 3을 돌무더기로 만들었다. 살아남은 사람들은 인간다운 생활에 관한 중요한 문제들에 대해 많은 생각을 다시 하게 되었다.

유럽 전역에는 죽음 너머의 삶에 관한 질문을 재개하는 완전히 새로운 의지가 있는 것처럼 보였고, 많은 사람은 이 생의 소망은 다음 생에 기초를 두어야 한다는 완강한 주장으로 기독교를 기반으로 한 문명을 건설해야 한다고 이야기하기 시작했다.

사람들은 하나님이 이 세상의 악을 응징할 힘과 의지가 있다고 믿거나 아니면 하나님께 등을 돌리는 선택을 해야 했다.

---

1 Susan Neiman, *Evil in Modern Thought* (Princeton: Princeton University Press, 2002), 142.

예상대로 많은 사람이 신앙에 매달렸고, 다른 사람들은 그들의 생명이 끊임없이 위태롭다는 것을 두렵게 여기며 처음으로 그리스도에 대한 믿음을 추구했다.

일부 역사가들은 심지어 프랑스 혁명의 시대와 영국의 웨슬리 부흥의 시대가 포르투갈의 재앙으로부터 자극을 받았을 수도 있다고 말한다.[2]

그러나 그 사건을 어떻게 해석해야 하는지에 대한 의견은 결코 만장일치는 아니었다. 이것은 하나님의 뜻을 읽는 것이 그만큼 어렵다는 것을 나타낸다.

2. 설명해 주세요, 제발!

리스본 사람들은 무너진 집의 잔해와 시체를 운반하는 수레에서 삶의 의미를 찾았다. 당연히 많은 사람은 지진이 죄 많은 항구 도시에 대한 하나님의 심판이라고 믿었다. 유명한 예수회는 많은 사람에게 이렇게 말했다.

---

[2] A. J. Conyers, *The Eclipse of Heaven* (Downers Grove: InterVarsity Press, 1992), 13.

> 오, 리스본아!
> 우리 가옥, 궁전, 교회 또는 수도원의 파괴자들, 너무 많은 사람의 죽음의 원인과 그러한 방대한 보물을 삼키는 화염의 원인이 당신들의 끔찍한 죄라는 것을 배우라.[3]

 결국, 많은 사람이 만성절에 지진이 났으므로 성도들의 죄가 너무나도 무거워 하나님이 즉각적인 심판을 내렸노라고 말씀하셨다고 생각했다. 그러나 일부 사람들을 당황하게 한 것은 매춘 업소의 거리는 대부분 그대로 남아 있었다는 것이었다.

 예상대로, 개신교 신자들은 이 지진이 이 도시를 세운 예수회에 대한 심판이라고 말하는 경향이 있었다. 결국, 종교재판이 전면적으로 시행되었고 수만 명의 소위 이단자들이 잔인하게 살해되었다. 예수회 측은 이번 지진으로 종교재판이 너무 느슨해졌기 때문에 하나님의 분노를 샀다고 화답했다.

 한 프란치스코 사제는 지진이 하나님의 자비의 한 형태라고 주장하면서 왜곡된 해석을 제공했다.

---

3 Conyers, *The Eclipse of Heaven*, 13. Quotation is from Kendrick, *The Lisbon Earthquake* (Philadelphia: Lippincott, 1957), 137.

> 결국, 그는 리스본이 훨씬 더 나쁜 대접을 받을 만하다고 생각했다. 그 사악함 때문에 하나님은 도시 전체를 파괴할 수 있는 모든 권리를 가지고 계셨다. 그래서 그는 몇몇 사람이 살 수 있도록 한 그분의 자제력에 경탄했다. 하나님은 관대하게 경고를 보낼 만큼 보내셨고, 그들이 회개할 수 있도록 부당한 자비 행위로 도시의 일부 사람을 살려 주기로 하셨다.[4]

교구민들은 이 비극이 초월적인 세계에 비추어 해석되어야 한다는 일반적 합의를 지켰다. 그들은 하나님이 어떻게든 이 세상 넘어 오늘날 예측할 수 없고 위태로운 존재에 의미를 부여할 수 있는 세계가 있다는 것을 알리려 노력하신다고 느꼈다.

그 뒤로도 몇 년 동안 지진에 대한 설교는 계속되었다. 비극이 일어날 때마다 우리는 하나님이 그것을 통해 말씀하시려고 한다고 믿고 해석하는 경향이 있다.

2004년에 일부 이슬람교도는 그들의 신 알라가 크리스마스에 맞춰 쓰나미로 동남아시아를 강타했다고 믿었다. 왜냐하면, 그 시기가 부도덕, 혐오스러운 것, 술 등으로 가득했기 때문이다. 카트리나에 대해서도 일부 무슬림들은 알라신이 이라크 전쟁에 대해 복수하고 있다고 주장했다.

---

4 Conyers, *The Eclipse of Heaven*, 13.

반면, 이스라엘의 한 기독교 기자는 가자 지구에서 유대인 정착민과 뉴올리언스에서 강제 퇴거를 당하는 사람들 사이의 유사점을 목격했다고 말했다. 카트리나는 팔레스타인을 위해 이스라엘이 이 땅의 일부에서 철수하도록 한 결정에, 미국이 지지를 보낸 것에 대한 하나님의 심판이라는 것이 그들의 주장이었다.

신의 통찰력을 과시하던 팻 로버트슨(Pat Robertson)은 이스라엘에서 아리엘 샤론(Ariel Sharon)의 통치를 끝낸 뇌졸중이 '신의 땅'을 갈라놓은 것에 대한 하나님의 심판이라고 말했다. 자연 재해 해석을 둘러싼 논란은 거의 의심할 여지가 없다.

옥스퍼드대학교 학생들에게 신앙을 위해 죽는 법을 가르쳤던 위대한 개신교 성경 번역가 존 위클리프(John Wycliffe)의 이야기를 읽다가 이 말이 떠올랐다(그의 제자 300명 이상이 하나님의 말씀을 번역하고 설교하다 무자비하게 살해당했다).

1378년, 위클리프는 옥스퍼드에서 연구와 저술을 계속하기 위해 공직 생활에서 은퇴했다. 1381년 농민 반란이 일어났고, 이 반란의 주역 중 한 명은 위클리프의 제자로 알려진 존 볼(John Ball)이었다. 위클리프는 그 반란과의 관련을 부인했지만, 재판은 끝났고 그는 공범으로 기소되었다.

게다가 반란군은 캔터베리 대주교를 죽였는데 그를 대신하여 위클리프의 적이었던 윌리엄 커트네이(William Courtenay)가 임명되었다.

이듬해, 위클리프와 적대적이었던 대주교는 특별검사를 통해 위클리프의 진술을 비난했다. 재판 진행 중에 지진이 발생했고, 위클리프는 그것을 하나님 진노의 표시로 해석했다. 그것은 그의 축출을 원하는 사람들에 대한 심판이었다.

하지만 커트네이는 그 땅이 위클리프의 이단자들을 쫓아내기 위해 바람을 일으키고 있다고 주장했다![5]

분명히 사람들은 자연 재해에서 그들이 보고 싶어 하는 것을 정확히 본다. 이런 말이 떠오른다.

> 우리가 미워하는 모든 사람을 하나님이 미워하신다는 확신이 들 때, 우리는 우리 자신의 형상대로 하나님을 창조했다는 것을 안다.

재난은 종종 우리 자신의 신념과 소망을 반영하는 거울이 된다.

이 모든 것은 우리가 그러한 비극에 대해 말하는 것에 주의해야 한다는 경고다. 우리가 너무 많은 말을 하면, 우리는 하나님의 목적의 세미한 부분을 읽을 수 있다고 생각하

---

[5] John Woodbridge, ed., *Great Leaders of the Christian Church* (Chicago: Moody Press, 1988), 174.

면서 실수를 할 수도 있다. 하지만 우리가 아무 말도 하지 않으면 재앙으로부터 배울 수 있는 메시지가 없다는 인상을 준다. 나중에 알게 되겠지만, 나는 하나님이 이런 일들을 통해 말씀하시리라 믿는다. 하지만 우리는 그분의 의지에 대한 세부 사항을 안다고 생각하는 것을 신중히 처리해야 한다.

3. 가능한 모든 세계 중 최고?

볼테르(Voltaire)는 리스본 지진이 일어났을 때 살아 있었고, 그것은 그에게 깊은 영향을 주었다. 그의 반응을 이해하기 위해서는 먼저 리스본 대지진이 일어나기 몇십 년 전에 살았던 철학자 고트프리트 빌헬름 라이프니츠(Gottfried von Leibniz, 1646-1716)를 알아야 한다. 그는 내가 알고 있는 세계 최초의 신과 그의 방식을 옹호하는 책 『신정론』(Theodicy)을 쓴 철학자였다.

이 철학적 추리를 통해 생각해 보라. 라이프니츠는 신은 그의 앞에 무한한 수의 가능한 세계를 가지고 있다고 가르쳤다. 그러나 신은 선하므로 그는 "가능한 모든 세계 중 가장 좋은 세계"인 이 세상을 선택하였고, 나아가 신은 자연에게 가능한 모든 목적을 위해 봉사하라고 명령했다.

결국, 주권자인 선하신 하나님은 당연히 최선인 동시에 옳은 일만 하실 것이다. 라이프니츠는 악을 용납하지는 않았지만, 우선 궁극적인 선을 위한 원대한 계획의 일부가 되어야 한다고 말했다. 신이 이루고자 했던 목적을 고려할 때, 이것은 신이 할 수 있는 최선이었다.

말할 필요도 없이, 리스본 대지진 이후 사람들은 이것이 정말로 "가능한 모든 세계 중 가장 좋은 세계"인지 자연법칙이 가능한 가장 좋은 목적을 위해 정해진 것인지 물어야 했다.

만약 신이 무한수의 세계 중에서 가장 좋은 세계로 이 세계를 선택했다면, 우리는 당연히 가능한 모든 세계 중 최악의 세계가 어떻게 생겼을지 물어봐야만 한다!

볼테르는 세상의 고통 속에는 어떤 궁극적인 숨은 의미가 있을 수 있다고 믿는 기독교인들의 신념을 비웃기 시작했다. 그에게 있어 리스본의 비극에서 이 세상이나 저세상 어느 쪽도 좋은 결과를 얻을 수 없었다. 그는 지진에 관한 시까지 썼다.

> 너희는 말한다.
> "이 고통은 다른 사람의 선이다."
> 죽음이 내 고통을 감출 때
> 그래, 내 썩은 몸에서 태어날 천 마리의 벌레들,

내 고통에 이 좋은 위안! …
사랑하는 아들들에게 은혜를 베푸시는
하나님이 얼마나 극히 선하신지,
그런데도 큰 손으로 악을 흩뿌리신다고? …
진흙의 침상에서 고통을 주는 원자들,
죽음으로 집어삼키고, 운명의 조롱을 당한다.[6]

그는 친구에게 보낸 편지에서 다음과 같이 말했다.

우리의 이웃인 수십만 마리의 개미가 우리의 개미 더미에서 의심할 여지 없이, 구출할 수 없었던 잔해 밑에서 표현할 수 없는 고통 가운데 절반이 죽어 유럽 전역의 가족들이 거지 신세로 전락하고 백 명의 상인들의 운명은 … 리스본의 폐허에 삼켜진 모든 가능한 최상 세계 속에서 그러한 무서운 재난에서 운동법칙이 어떻게 작동하는지 발견하기가 어려울 것이다.[7]

---

6 Joseph McCabe, ed. and trans., *Selected Works of Voltaire* (London: Watts and Co., 1911), at http://courses.essex.ac.uk/cs/cs101/VOLT/ Lisbon2.htmlast accessed 5/2/06.
7 http://humanities.uchicago.edu/homes/VSA/letters/24.11.1755. html; last accessed 3/24/06.

그는 이어서 가톨릭 재판관들이 다른 모든 사람처럼 지진으로 으스러지면 좋겠다고 말했다. 그는 이것이 그 도시에 대한 하나님의 심판이라고 생각하는 성직자들을 비난했다.

그리고 볼테르는 그것으로 끝내지 않았다. 그는 이어서 『캉디드』(*Candide*)를 썼는데, 그것은 자신이 최고라고 믿었던 낙원에서 축출된 소년에 관한 이야기다. 볼테르는 풍자와 재치로 그 소년이 그것이 모두 최선임을 단언할 때마다 일어난 일련의 비극을 묘사한다.

예를 들어, 캉디드는 모든 일은 최선을 위한 필요 때문에 일어난다고 믿고 있는 철학자이자 그가 가장 좋아하는 팡로스 박사(Dr. Pangloss, 라이프니츠의 추종자)를 만난다.

리스본의 지진을 본 팡로스는 아래와 같이 말했다.

> 이 모든 것은 최선이다. 만약 리스본에 화산이 있다면, 그것은 다른 어디에도 없어야만 하며, 그래야 모든 것이 잘되기 때문이다. 따라서 그런 일이 일어나서는 안 되는 곳에 그것이 존재하는 것은 불가능하다.[8]

---

[8] Voltaire, *Candide* (New York: New American Library, 1961), 26.

이 이야기 후반부에 이 나라의 현자는 몇 사람을 천천히 타는 불에 태움으로써 지진을 막을 수 있다고 결정한다. 그래서 이 성인들은 캉디드와 그의 철학자 친구인 팡로스 박사와 함께 몇 명의 유대인을 묶어서 일주일 동안 감옥에 가두었다.

그러고 나서 그들은 괴상한 그림이 그려진 주교관을 머리에 쓰고 거리를 행진한다. 찬송가가 불릴 때 그들로부터 캉디드는 채찍질을, 유대인들은 화형을, 그리고 팡로스는 교수형을 당했다.

같은 날, 지구는 무서운 굉음과 함께 다시 진동한다. 겁에 질려 할 말을 잃고, 당황한 채 피를 흘리며 떨고 있는 캉디드는 혼잣말을 한다.

> 만약 이것이 모든 가능한 세계 중에서 최고라면,
> 다른 것들은 무엇일까?
> 내가 채찍질당한 건 그냥 넘어갈 수 있지만
> … 나의 사랑하는 팡로스!
> 위대한 철학자!
> 이유도 모른 채 교수형을 당한 걸 봐야만 했을까?[9]

---

9 Voltaire, *Candide*, 28.

그러면서 캉디드는 강간, 절도, 살인, 파산, 기타 말할 수 없는 인간의 고통은 가능한 모든 세계에서 최선이므로 낙관적으로 받아들여져야 한다고 단언한다.

볼테르는 신랄한 빈정거림으로 하나님이 최선을 위해 일한다거나, 또는 그분이 세상을 위한 최선의 계획을 선택한다는 생각을 조롱한다. 따라서 볼테르는 악은 구제할 수 없으며, 우리는 인간의 고통과 비극의 더 높은 목적을 분별할 권리가 없다는 결론에 도달했다.

이런 식으로 볼테르는 분명히 악에 대한 하나님의 정당한 목적이 있다고 믿는 기독교인들을 경멸했다.

우리는 잠시 멈추고 "이것이 최선인가" 물어봐야 한다.

가능한 모든 세상?

만약 우리가 그렇다고 대답한다면, 그 대답은 분명히 틀린 것 같다. 낙원은 고통, 부패 그리고 끝없는 비극이 있는 우리의 세계가 아니라 가능한 모든 세계 중 최고일 것이다.

우리의 눈을 통해 보면, 아무도 이것이 가능한 모든 세계 중에서 최고라고 합리적으로 말할 수 없다. 그렇다면 이론적으로는 개선할 수 없다.

그러나 히브리서에서는 이 단어를 열세 번씩이나 적절하게 사용했으며, 성경의 영웅들은 "더 나은 나라-천국"(히 11:16)을 갈망했고, 하나님이 우리를 위해 더 나은 것을 계획하셨다고 말씀하신다(히 11:40 참조). 그래서 우리는 상황을 더 좋게 만들기 위해 열심히 일한다. 왜냐하면, 우리는 이 세상이 최선이 아니라는 것을 알기 때문이다.

그러나 그러한 대답이 완전히 만족스럽다고 하기는 어렵다. 이 문제는 우리가 처음에 깨닫는 것보다 더 많은 것이 있다. 성경은 하나님이 당신의 기쁨과 영광을 위해 만물을 창조하셨다고 가르친다.

에베소서 1:11을 보자.

> 모든 일을 그의 뜻의 결정대로 일하시는 이의 계획을 따라 우리가 예정을 입어 그 안에서 기업이 되었으니(엡 1:11).

모든 것이 하나님의 영광을 위한 일이라면, 실제로 역사의 세부 사항(인간 및 자연의 악)이 모두 그분의 영원한 목적에 이바지한다면, 우리가 하나님의 관점에서만 볼 수 있다면, 이 계획이 최선이라고 말하는 것이 정확하지 않을까?

그분은 우리의 비극을 다른 시각으로 보시는가?

광기에 대해 타당하고 현명한 이유가 있을까?

이 세상이 가능한 모든 세계 중에서 최선은 아니라고 볼테르가 말한 것은 옳지만, 지진에 숨겨진 목적이 있을 수 없다고 가정한 것은 그가 틀렸다고 보아야 한다.

그리스도인으로서 우리는 하나님은 가능한 모든 의지와 목적을 위해 비극을 사용하실 수 있다고 믿는다.

하나님은 그분의 창조물이 통제 불능이 되도록 허락하지 않으셨다. 그분은 우리의 고통과 괴로움을 정당화하는 도덕적으로 충분한 이유를 가지고 계셔야 한다.

그러므로 우리가 비록 이러한 재앙들을 눈으로 보지만, 우리는 성경에서 드러난 것처럼 하나님의 눈으로 보아야 한다. 우리는 사건들이 시간(시대) 안에 펼쳐지는 것을 보지만, 하나님은 그것들을 영원의 관점에서 보신다.

분명히, 이것은 우리가 앞으로 다음 장에서 다시 돌아봐야 할 주제이다.

4. 그리스도인의 소망

볼테르에 따르면 우리는 진흙 원자로서 몇 초 동안 사는 곤충에 불과하며, 무한한 창조주의 설계를 이해할 수 없다고 한다. 그리고 우리가 만약 그가 했던 것처럼 성경을 거부한다면 그의 말이 정확하다.

그러나 그렇게 함으로써 우리는 약속도 희망도 없이 남겨지게 된다. 창조주의 말씀이 없다면 자연의 세계는 무자비한 세계이며, 숨겨진 메시지가 전혀 드러날 수 없다.

우리 자신에게 맡겨진 우리는 고통의 목적은 말할 것도 없고 우리 존재의 의미를 결코 알아낼 수 없다. 윌리엄 제임스(William James)는 우리가 인쇄물은 보지만 단어의 의미를 알 수 없는 도서관에 있는 개와 같다고 솔직하게 말했다.

하나님이 창조하신 원래 세계와 지진, 산사태 그리고 홍수로 분출되는 세계 사이에는 큰 차이가 있다.

그러나 우리가 성경에 눈을 돌렸을 때, 우리는 통찰력을 얻을 수 있다. 물론 우리의 모든 질문에 대한 답을 찾을 수는 없다. 그러나 적어도 우리는 하나님이 그분 행성의 결점을 간과하지 않으셨다는 것을 알 수 있다. 그분은 자연에 무슨 문제가 생겼는지 무관심하지도, 또 모르고 계시지도 않는다.

우선 우리는 하나님이 원래 창조하신 세계와 지진, 산사태, 홍수로 분출되는 세계 사이에는 엄청난 차이가 있다는 것을 알아야 한다. 뭔가가 어긋났고, 우리의 세계는 그것을 바로잡기 위해 하나님을 기다린다. 우리는 한때 완벽했지만, 지금은 결함이 있는 행성에 살고 있다. 죄가 모든 것을 바꿨다.

바울이 로마서에 기록한 표현을 살펴보자.

> 생각하건대 현재의 고난은 장차 우리에게 나타날 영광과 비교할 수 없도다 피조물이 고대하는 바는 하나님의 아들들이 나타나는 것이니 피조물이 허무한 데 굴복하는 것은 자기 뜻이 아니요

> 오직 굴복하게 하시는 이로 말미암음이라 그 바라는 것은 피조물도 썩어짐의 종노릇 한 데서 해방되어 하나님의 자녀들의 영광의 자유에 이르는 것이니라 피조물이 다 이제까지 함께 탄식하며 함께 고통을 겪고 있는 것을 우리가 아느니라(롬 8:18-22).

바울은 하나님을 아는 사람들의 현재 고통은 미래의 영광과 비교할 수 없다고 말하면서 시작한다. 고통은 만회할 수 있다. 미래가 현재를 보충할 것이다. 마지막 장은 아직 작성되지 않았다. 이생에서 우리가 알 수 없는 대답은 다음 생에서 얻게 될 것이다.

그러고 나서 바울은 자연의 저주와 인간의 죄를 연결한다. 그는 인간의 죄는 인간 자신의 행위라고 지적하지만, 하나님은 다른 피조물들이 죄를 짓지 않았음에도 불구하고 자연에도 저주를 내리셨다. 이제 죄악으로 얼룩진 인류는 죄 없는 완벽한 환경에서 살 수 없었다. 그래서 모든 피조물은 아담이 반항하기로 한 개인적인 선택의 비인격적인 희생자가 되었다.

인간이 저주받음으로써 자연이 저주를 받았다. 그러므로 자연 재해는 우리가 그렇게 부른다면 도덕적 재난의 반영이다. 둘 다 야만적이고 무자비하며 해를 끼친다. 자연은 가능한 한 나쁘지 않다. 비가 온 뒤에는 햇빛이 비치고, 쓰나미 뒤에는 평온이 따르며, 지진 후에는 결국 고요가 온다. 그냥 그렇다.

우리는 인간으로서 우리가 할 수 있는 한 악하지 않다. 그러나 우리는 선과 악의 혼합체이고, 모든 악이 너무 자주 우위를 차지한다. 그러므로 자연은 우리 자신을 보여 주는 거울이다.

허리케인 카트리나를 볼 때 우리는 인간 본성의 사악한 면을 볼 수 있을 것이다. 강력하고 무정한 그리고 무작위의 잔인함. 죄에 무관심한 시대에 자연 재해는 우리의 죄가 하나님께 어떤 모습인지 보여 주는 거울이 된다.

죄는 항상 고통스러운 결과들과 함께 죽음과 파괴의 흔적을 남긴다. 물리적 세계와 인류 모두 하나님만이 가져올 수 있는 해방을 기다린다.

하나님은 죄의 저주를 없애고 영원한 정의와 의를 가져옴으로써 이 현 세계를 변화시키겠다고 약속하셨다!

우리는 이 세상이 정상이 아니라는 지식으로 무장했기 때문에 자연과의 싸움에 참여할 수 있다. 예전과는 다르다. 그래서 우리는 질병과 싸우고, 잡초를 정복하며, 집을 따뜻하게 하려고 연료를 사용한다. 우리는 할 수 있을 때 자연과 협력하고 우리의 이익을 위해 그것을 제압한다.

따라서 우리는 또한 우리 자신의 삶, 국가 및 세상에서 죄에 맞서 싸운다. 우리는 저주가 발견될 만한 곳이면 어디에서나 싸운다. 피조물은 그 구원을 '열심히 기대'한다.

이 구절에 사용된 헬라어 단어는 영광의 새벽이 시작되는 첫 순간을 보기 위해 지평선을 훑어보는 한 남자의 태도를 적절하게 묘사한다. 언젠가 그것은 "하나님 자녀들의 영광스러운 자유로 인도"할 것이다.[10]

하나님은 구속받은 사람들이 구속받지 않은 환경에서 살도록 허락하지 않으실 것이다. 그러므로 하나님의 백성이 완전히 그리고 마침내 다시 구속될 때 자연도 덩달아 따라올 것이다. 더 나은 날이 우리 앞에 놓여 있다.

볼테르의 관점에서는 이것이 가능한 모든 세계 중 최고는 아니다. 그러나 우리는 하나님이 죄의 저주를 제거하고 영원한 공의와 의를 가져옴으로써 이 세상을 변화시키겠다고 약속하셨음을 강력히 확인한다.

우리는 TV 화면에서 보이는 폐허가 된 도시 배후에 지적이고 강력한 하나님이 계신 것을 볼 때 그런 희망을 품을 수 있다.

---

[10] William Barclay, *The Letter to the Romans* (Edinburgh: The Saint Andrew Press, 1955), 115.

5. 바람, 비, 무너진 집

리스본 지진은 유럽을 땅과 천국으로 갈라놓았다.[11] 한편, 비극은 종교, 특히 기독교 신앙의 평안에 관한 관심을 자극했다. 교회 출석이 늘었고, 사람들은 영원에 더 관심을 가질 가능성이 커졌고, 교회와 하나님에 대한 충성심이 강해졌다. 그러나 그것은 자연주의 발전과 세속적인 계몽주의의 성장에 박차를 가했다.

위대한 철학자 임마누엘 칸트(Immanuel Kant)는 이 재난에 관한 책을 썼고, 지진은 물리학과 화학을 이용해 과학적으로 설명할 수 있다고 결론지었다. 그는 해명할 수 없는 일에는 하나님이 필요했지만, 지진의 원인에 대한 논의에 하나님을 끌어들일 필요는 없다고 주장했다. 자연이 다양한 자연운동법칙에 따라 행동한다고 판단되면 하나님은 분명히 불필요했다.

리스본 지진은 다음과 같은 결정을 강요했다.

> 천국을 향한 마음은 그들이 종교적 헌신을 하도록 하였으며, 세속적인 정신은 세상과 상호작용하는 하나님을 언급하지 않은 채 모든 삶을 설명하려는 경향이 더 강했다.

---

[11] Edward Rothstein, "Seeking Justice, of Gods or the Politicians", *The New York Times* (September 8, 2005).

다시 말해, 사람들은 하나님께로 눈을 돌리거나, 실망과 분노로 하나님을 외면하는 쪽을 선택했다. 외면한 사람들은 성경 말씀보다 자신의 의견을 더 믿었기 때문에 그렇게 했다.

자연 재해는 인류를 나누고 우리의 가치와 성격의 밑바닥에 도달하는 길이 된다. 그것들은 우리의 은밀한 사랑과 개인적인 소신을 드러내는 길이 된다.

예수님은 두 이웃의 내면을 폭로한 자연 재해에 관한 이야기를 들려주셨다.

> 그러므로 누구든지 나의 이 말을 듣고 행하는 자는 그 집을 반석 위에 지은 지혜로운 사람 같으리니 비가 내리고 창수가 나고 바람이 불어 그 집에 부딪치되 무너지지 아니하나니 이는 주추를 반석 위에 놓은 까닭이요 나의 이 말을 듣고 행하지 아니하는 자는 그 집을 모래 위에 지은 어리석은 사람 같으리니 비가 내리고 창수가 나고 바람이 불어 그 집에 부딪치매 무너져 그 무너짐이 심하니라(마 7:24-27).

화창하고 아름다운 오후, 이 두 집이 똑같이 생겼다고 생각해 보자. 강한 바람만이 그 둘을 구분했다. 재난은 우리의 가치를 명확히 하고, 우리의 믿음에 도전하며, 우리가 진정 누구인지를 드러낸다.

우리가 예수님의 약속에 뿌리를 두고 있다면, 우리는 견딜 수 있다. 만약 그렇지 않으면, 우리는 우리 자신의 인간 철학과 좁은 해석에 휩쓸릴 것이다.

자신과 멀리 떨어져 있는 하나님, 즉 하나님을 관념으로서의 하나님, 만들어진 하나님, 어려움의 마지막 수단으로 여기는 사람에게는 자연 재해가 하나님과 그분의 보살핌을 믿지 못하는 또 다른 이유일 뿐이다.

그러나 하나님의 말씀과 그 약속으로 하나님의 시험을 거친 사람들, 그들의 믿음은 과거의 재앙과 아직 오지 않은 재앙의 맹공격에서 살아남을 것이다. 자연 재해에 대한 다음의 간략한 소개는 두 가지 목적을 제공한다.

첫째, 우리는 어떤 사건을 통해 하나님이 무슨 일을 하시는지에 대해 우리의 구체적인 견해를 성급하게 결론을 내려서는 안 된다.

우리는 이미 사람들이 이러한 재난에 대해 자신의 종교, 죄에 대한 이해, 하나님을 안다고 생각하는 자신의 확신에 부합하는 해석을 제공하리라는 것을 이미 배웠다. 이런 극단적인 행동은 피해야 한다.

또한, 반대의 극단으로 가서 성경이 이 문제들에 대해 침묵하는 것처럼 말해서도 안 된다. 나는 동방정교회 신학자 데이비드 B. 하트(David B. Hart)의 말에 반대한다.

월스트리트저널에 인용된 하트의 말을 보자.

> 우리는 하나님의 이해할 수 없는 조언이나 이 모든 것이 신비롭게 하나님의 선한 목적을 위해 봉사한다는 신성모독적인 제안에 관한 혐오스럽고 진부한 말을 할 자격이 없다.[12]

자연 재해가 하나님의 선한 목적을 이루지 못한다면 우리는 악이 더 높은 목적을 위해 봉사하도록 하기에는 너무 약한 하나님을, 선하고 정의로운 일을 하기엔 너무 악한 하나님을 마주한다. 그렇다. 하나님의 목적을 너무 많이 안다고 주장하는 것에는 큰 위험이 따른다.

하지만 이 끔찍한 사건들을 통해 성경이 우리에게 무엇을 말씀하는지 이야기하지 않고 침묵할 위험도 있다. 자연 재해는 우리가 감히 무시할 수 없는 중요한 메시지를 가지고 있다.

둘째, 우리는 자연 재해가 왜 일어나는지 묻는 것이 왜 사람들이 죽는지 묻는 것과 비슷하다는 것을 깨달아야 한다. 이 행성에서는 매시간 약 6천 명의 사람들이 죽는데, 그들 대부분은 지진이나 해일로 죽는 사람들처럼 고통 속

---

[12] David B. Hart, "Tremors of Doubt", *OpinionJournal* (December 31, 2004), at http://www.opinionjournal.com/taste/?id=110006097; last accessed 4/19/06.

에 죽는다. 허리케인 카트리나가 멕시코 연안을 강타했을 때 사망한 총사망자 수보다 더 많은 어린이가 매일 굶어 죽는다.

자연 재해가 우리의 관심을 끄는 유일한 이유는 매일 일어나는 죽음과 파괴를 극적으로 강화하기 때문이다. 죽음, 그 자체처럼 하나님이 현재의 질서를 변화시킬 때까지 자연 재해는 우리와 함께할 것이다. 그리고 나중에 설명하겠지만, 최악의 자연 재해는 여전히 우리 앞에 놓여 있다.

제3장에서는 자연 재해와 하나님의 관계에 관한 질문을 살펴보자.

하나님이 하신 것인가?
우리는 재난이 단순히 타락한 자연의 결과라고 말함으로써 하나님의 명성을 지켜야 할까?
아니면 이런 행동에 대해 악마를 탓해야 할까?
우리의 대답이 시사하는 바는 무엇일까?

6. 토론을 위한 질문

(1) 하나님이 우리가 하나님의 계획과 자연 재해에 대한 답을 찾기를 원하신다고 생각하는가?

(2) 자연 재해가 인간 본성의 사악한 면을 어떤 식으로 반영한다고 생각하는가?

(3) 자연 재해가 어떻게 '우리의 가치와 인격의 밑바닥까지 파고들며' 우리의 내면을 드러낼 수 있을까?

(4) 자연 재해가 자연법칙에 의해 설명될 수 있다면 하나님을 토론에 끌어들이는 것은 불필요하다는 임마누엘 칸트의 생각에 대해 어떻게 생각하는가?

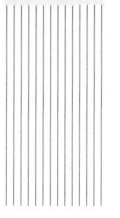

제2장

자연 재해는 하나님의 책임?

직감적으로 사람들은 하나님이 책임지고 계시다는 것을 안다.

"안 돼요, 하나님!

안 돼요, 하나님!"

하나님이 허리케인 카트리나와 관련이 있다고 생각한 남자의 말이다.

그는 만조와 폭풍이 끝나기를 기다리면서 다락방으로 올라가 기도했던 많은 사람 중 한 명이었다. 수년 동안 기도를 하지 않았던 많은 사람이 그 비극이 닥쳤을 때 하나님께 부르짖었다.

미국의 특정 지역에서는 토네이도(회오리바람과 함께 오는 큰 뇌우, 용오름)가 꽤 자주 발생한다. 1999년 오클라호마주와 캔자스주 일부 지역에서 수십 개의 맹렬한 토네이도가 휩쓸고 지나간 후 수백 명의 노숙자 가족이 잔해를 헤집고 다녔다.

거대한 굴뚝 모양의 구름이 4시간 동안 땅 위를 스치며 적어도 43명이 사망하고 1,500여 채의 집과 수백 개의 사업장이 파괴되었다. 그 토네이도는 시속 250마일 이상의 바람을 동반한 가장 강력한 단계인 F5로 분류되었다.[1]

통계만으로는 전혀 의미가 없다. 하지만 두 살배기 아이가 아버지의 손에서 떨어져 수십 피트 상공으로 던져진 뒤 땅에 부딪혔다고 생각해 보라. 아니면 토네이도를 피해 들어간 대피소에 물이 차서 익사하는 아버지를 상상해 보라. 2004년의 쓰나미 또한 예상치 못한 사람들에게 끔찍한 고통을 주었다.

그러나 나는 생존자들이 견뎌낸 고통에 관한 이야기 중 몇 년 전 터키에서 일어난 지진에 관한 이야기보다 더 많은 설명을 읽어 본 적이 없다. 우리가 이 글을 읽을 때, 우리는 고통을 느끼지 않을 수 없다.

선택은 두 종류의 지옥 중 하나다. 여러분이 진흙투성이의 들판이나 비가 오는 숲속의 바닥에서 흠뻑 젖은 이불 속에 누워 있거나, 도시의 포장도로에 쥐가 득실거리고 아직도 죽은 사람들 수천 명이 안에 누워 있는 폐허 가운데서 어떤 대피소를 발견하고 그곳에서 잠을 자는 것 중 하나다.

---

1 http://www.usatoday.com/weather/tornado/storms/1999/w503tor0.htm; last accessed 5/2/06.

터키 북서부에 있는 200마일이나 되는 산업화된 간선도로에서 길을 잃은 사람들이 선택했다. 점점 더 많은 사람이 언덕을 오르고 있었다.

그들은 죽은 사람들에 대한 슬픔을 거의 느낄 수 없을 정도로 공포에 떨었고 정신적 충격을 받았다. 그들은 단지 한 가지 생각만 했다. 그들이 한때 고향이라고 불렀던 이 외설적인 장소에서 벗어나는 것이었다.

매 시간 25만 명 이상의 사람이 그곳에서의 생활이 이제는 불가능하다는 것을 받아들이면서 한때 번화했던 마을들이 텅텅 비어 가고 있었다. 4개 도시가 파괴될 정도로 피해가 컸다. 이스탄불에서 아다파자리로 뻗어 나가는 일련의 공동체에 단 한 채의 안전한 집도 없었다.

> 어제는 비가 쉬지 않고 내렸다. 아직도 이곳에 남아 있는 사람들은 검은 비닐봉지나 시트로 몸을 가리고, 흑백 유령처럼 방황하거나, 그들은 할 수 있는 한 모든 곳에서 잠을 자려고 했다.[2]

---

[2] "The Lost and Helpless Flee from Hell to the Hills", *Independent Foreign News* (August 26, 1999).

이러한 비극에서 하나님의 역할을 논하기 전에, 우리는 잠시 멈추고 사람들이 이 땅에서 경험하는 끔찍한 고통에 슬퍼해야 한다.

우리는 눈물의 예언자 예레미야와 같이 이렇게 말한다.

> 초저녁에 일어나 부르짖을지어다 네 마음을 주의 얼굴 앞에 물 쏟듯 할지어다 각 길 어귀에서 주려 기진한 네 어린 자녀들의 생명을 위하여 주를 향하여 손을 들지어다 하였도다(애 2:19).

우리는 그러한 재난의 규모를 도저히 파악할 수 없다. 우리는 1998년 온두라스에서 2만 5천 명이 죽고 50만 명이 집을 잃은 해일을 생각한다. 이듬해 12월 베네수엘라의 산사태로 불과 며칠 만에 5만 명이 목숨을 잃었다.

텔레비전에서 우리는 빈곤, 고아, 오염된 물, 황폐해진 도시를 본다. 며칠 후 임시특보는 사라지겠지만, 살아남은 정신이 혼미한 사람들은 남은 생애 동안 비극을 안고 살아간다.

그들을 축복한다!

1. 재난에 대한 하나님의 책임을 배제?

 자연 재해가 하나님께 매우 불리하게 반영되는 것처럼 보이기 때문에, 많은 사람이 그렇게 이해할 수 있다. 나는 기독교인들이 하나님을 이 끔찍한 사건에 대한 모든 책임에서 면제해 주고 싶어 한다는 것을 말하고 있다. 분명히 말해서, 그들은 더 사랑스러운 그분의 이미지를 유지하기 위해 "그분을 궁지에서 벗어나게" 하기를 원한다.

 그분의 명성을 지키기 위해, 많은 사람이 자연과 하나님 사이에 가능한 한 많은 거리를 두려고 시도했다. 어떤 사람들은 하나님을 자상한 방관자라고 말하면서 그렇게 한다. 다른 사람들은 우리의 재난에 대해 아무것도 할 수 없는 약한 하나님이나, 악마의 도움을 받는 하나님으로 제시한다.

 먼저 약한 하나님을 선택한 사람들부터 시작해 보자. 그 하나님은 분명히 우리 지구가 연이어 재난을 당하는 것을 막을 수 없는 분이다.

 토니 캠폴로(Tony Campolo)는 우리가 만약 하나님이 자연 재해에 책임이 있다고 말하거나, 그분이 더 높은 목적 때문에 이런 행동을 하신다고 말한다면, 우리는 사람들을 기독교 신앙에서 멀어지게 할 것이라고 우려한다.

 그는 하나님은 악의 저자가 아니시므로 우리가 주장했던 것처럼 그분은 실제로 강력하지 않다고 주장하는 랍비 해

럴드 쿠슈너(Harold Kushner) 같은 사람의 말을 듣는 것이 좋을 것이라고 말한다.

> 히브리어 성경 어디에도 하나님이 전능하시다고 쓰여 있지 않다. 큐슈너는 전지전능이 그리스 철학적 개념이라고 지적하지만, 그의 성경에는 없다. 대신, 히브리어 성경은 하나님이 강대하시다고 주장한다. 그것은 하나님이 다른 모든 힘을 합친 것보다 더 큰 힘이라는 것을 의미한다.

캠폴로는 그가 믿는 히브리 성경을 주목한다. 하나님은 강하시지만 전능하지는 않다고 말한다. 이것은 어둠의 힘과 빛의 힘 사이에 우주적 투쟁을 만든다. 다행인 것은 결국 하나님이 승리하신다는 것이지만, 일단은 "홍수가 멕시코 연안을 휩쓸었을 때" 캠폴로는 "하나님이 가장 먼저 눈물을 흘리셨다"라고 쓰고 있다.[3]

나는 고난이 하나님의 계획의 일부라고 입버릇처럼 말하는 것이 슬픔에 빠진 사람들을 즉시 위로하지는 않을 것이라는 캠폴로의 말에 동의한다. 사람에 대한 연민과 이해력이 없는 이러한 답변은 사람들을 하나님을 향하게 하기보

---

3 Tony Campolo, "Katrina: Not God's Wrath—or His Will", www.Beliefnet.com (January 8, 2006).

다는 하나님으로부터 멀어지게 할 것이다.

우리는 때때로 침묵하는 것이 오히려 낫다. 우리가 하나님을 대신하여 말할 권리가 있다고 가장하는 것이 아니라 하나님을 대신하여 인자하게 행동하는 것이 가장 좋다. 이 책의 뒷부분에서, 우리는 어떻게 희생자들이 재난을 해석할 수 있도록 도울 수 있는지에 대해 더 자세히 토론할 것이다.

하지만 인간의 고통이 하나님의 계획 일부가 아니라면, 우리는 매우 두려워할 필요가 있다. 왜냐하면, 우리는 그분의 우주에서 무엇이 잘못되고 있는지 알지 못하기 때문이다. 우리가 모르기를 원하는 것이 그분의 계획 일부가 아니다.

캠폴로는 하나님이 악을 이길 수 없으므로 악이 존재한다고 가르쳤던 미국의 유명한 교육자 윌리엄 제임스(William James)를 떠올리게 한다. 하지만 아마도 우리의 도움으로 악은 극복되고 빛은 어둠을 사라지게 할 것이다.

불행하게도, 인본주의자인 제임스는 우리에게 충돌하는 힘이 균등한 것처럼 보이게 하므로 하나님이 이기실 것이라는 확신을 우리에게 줄 수 없었다.

복음주의자를 분열시킨 이른바 "하나님의 개방성" 논란에 대해 들어봤을 것이다. 어떤 이들은 하나님의 지식이 제한되어 있어서 미래가 그분에게 "열려 있다"라고 주장한다.

그들은 그분이 어떤 특정한 순간에 무슨 일이 일어날지 정확히 미리 알지 못한다고 주장한다.

우리는 자유계약선수이므로 우리가 무엇을 결정할지 하나님은 모르신다는 것이다. 심지어 그분은 우리가 실제로 선택할 때까지 우리가 무엇을 선택할지 모르신다고 말한다. 그들이 말하기를, 하나님은 모든 자연적 힘이 어떻게 작용할지 알 수 없다고 한다. 그분은 우리처럼 무슨 일이 일어날지 지켜보신다고 한다.

이와 같은 성경 해석에 따르면, 하나님은 허리케인 카트리나가 닥쳤을 때 일어난 일에 놀랐을 것이고 무엇을 해야 할지 결정할 때까지 그저 우셨을 것이다.

토니 캠폴로는 전능하시지 않고 사후에 카트리나를 최대한 다루어야 하는 하나님에 대해 이렇게 쓰고 있다.

> 하나님은 우시면서 행동할 시간이 필요하다.

이런 하나님을 어떻게 믿는단 말인가?

확실히 캠폴로는 하나님이 결국 승리하실 것이라고 확신하지만, 그는 어떻게 확신할 수 있을까?

만약 하나님이 허리케인에 직면하여 속수무책이시라면, 우리는 그분이 결국 자연과 악마의 모든 힘을 굴복시키실 것이라고 얼마나 확신할 수 있을까?

하나님이 유한하시다고 믿는 것은 그분을 카트리나에서 하나님의 불리함을 벗어나게 할지는 모르지만 그것은 또한 종말의 승리를 위험에 빠뜨리기도 한다. 그분이 할 수 있는 최선이 우리를 위해 우시는 것이라면, 우리도 그분과 함께 그리고 어쩌면 우리는 그분을 위해 울게 될 것이다.

자세한 내용은 다음과 같다.

구약성경은 하나님이 전지전능하시다고 가르치지 않는가?

세상을 창조하신 하나님이 그것을 제압하시지 못한다면 참으로 이상할 것이다. 설령 강대하신 하나님이라도 모든 종류의 자연 재해를 막으실 수 있었을 것이다.

그리고 구약성경이 하나님의 권능에 관한 질문(그것이 아닌 것)에 대해 명확하지 않다고 해도, 신약성경이 이 점에 대해 결정적이지 않은가?

> 눈물만 흘릴 수 있는 무력한 하나님을 앉히는 것은 거의 위로가 되지 않으며, 성경적이지도 않다.[4]

---

4 For an in-depth critique of Openness Theology, consult Bruce Ware, *God's Lesser Glory* (Wheaton, IL: Crossway Publishing, 2000).

일부 기독교인이 자연 재해에 대한 하나님의 책임을 면제하려는 두 번째 방법이 있다. 그들은 재앙이 악마의 탓이라고 가르친다. 하나님은 재난에 대한 책임이 없다. 그들은 그분이 세상을 창조했고 그것이 특정한 법칙에 따라 운동하도록 내버려 두셨다고 한다.

자연은 무너지고, 이 세상의 신 사탄은 자연 질서를 파괴한다. 우리는 이미 자연이 무너졌다는 것을 알게 되었다.

> 아담에게 이르시되 네가 네 아내의 말을 듣고 내가 네게 먹지 말라 한 나무의 열매를 먹었은즉 땅은 너로 말미암아 저주를 받고 너는 네 평생에 수고하여야 그 소산을 먹으리라 땅이 네게 가시덤불과 엉겅퀴를 낼 것이라 네가 먹을 것은 밭의 채소인즉, 네가 흙으로 돌아갈 때까지 얼굴에 땀을 흘려야 먹을 것을 먹으리니 네가 그것에서 취함을 입었음이라 너는 흙이니 흙으로 돌아갈 것이니라 하시니라 (창 3:17-19).

나는 한때 아름다운 풍경을 만들려고 꽃밭을 가꾸는 데 많은 시간을 보낸 한 남자의 이야기를 들은 적이 있다. 한 친구가 그곳에 들렀고, 그 꽃밭을 보고 감탄하며 말했다,

"오 이런 세상에, 하나님이 여기에 창조한 것이 얼마나 놀라운 일인가!"

정원사는 대답했다.

"그래, 하지만 당신은 하나님이 직접 만드신 곳이 어떻게 생겼는지 봤어야 했어!"

사실이다. 우리가 이 저주받은 땅에서 아름다움과 균형을 원한다면, 우리는 끊임없이 정원을 가꾸어야 한다.

성경은 자연이 파괴되었고 사탄이 자연 재해에 실제로 연루될 수 있다는 생각을 분명히 뒷받침한다.

하나님이 사탄에게 욥의 자녀들을 멸망시킬 수 있도록 허락하신 예가 욥기에 있다. 하나님의 지시로 행동하고 한계를 정한 사탄은 불을 이용해 양과 하인들을 죽이고, 태풍을 일으켜 욥의 자녀 열 명을 모두 죽였다.

여기에 만약 재앙의 증거가 필요하다면, 이것이 사탄의 힘이 실제로 지구를 괴롭히는 자연 재해와 연관될 수 있다는 증거가 된다.

이것으로 어떤 결론을 도출해야 할까?

이것이 하나님이 자연에서 배제된다는 것을 의미하는가?

그분이 이런 비극들에 대해 정말로 '자유 방임 정책'을 가지고 계실까?

이것이 하나님의 책임을 면제해 주는가?

분명히 대답은 "아니오"다. 우리는 이 시점에서 신중히 생각해야 한다. 우리는 이 사건들의 즉각적인 원인과 궁극적 원인을 구별해야 한다. 번개와 바람이 욥의 아이들을 죽인 직접적인 원인은 사탄의 힘이었다.

하지만 주의 깊게 살펴보자. 사탄에게 대혼란을 일으킬 힘을 주신 분은 하나님이셨고, 사탄이 할 수 있는 것과 하지 못하는 것의 한계를 정한 분도 하나님이셨다. 욥은 자기 자녀들의 죽음을 마귀에게 돌리지 않고 오히려 이렇게 말한다.

> … 주신 이도 여호와시요 거두신 이도 여호와시오니 여호와의 이름이 찬송을 받으실지니이다(욥 1:21).

자연적 관점에서, 지진의 직접적 원인은 지각 아래에 있는 단층이다. 특히, 지각의 상판은 한 방향으로 움직이지만, 하판은 점차 반대 방향으로 움직인다.

토네이도의 직접적인 원인은 따뜻하고 습한 공기와 결합한 불안정한 대기 조건이다. 허리케인은 큰 기단이 바다의 온기에 의해 가열되는 연료를 공급받을 때 형성된다. 이 모든 날씨 패턴은 사탄으로부터 자극을 받을 수도 있고 그렇지 않을 수도 있다.

하지만 우리는 이러한 사건의 궁극적 원인이 하나님이라고 확신할 수 있다. 그분은 자연을 직접 지배하거나 부차적 원인을 통해 지배하시지만, 어느 쪽이든 그분이 책임지고 계신다. 결국, 그는 만물의 창조자요, 유지하시는 분이다.

우리는 아이작 와츠(Isaac Watts)와 함께 노래하자.

> 바다에 식물도 꽃도 없지만
> 주님의 '영광'을 알린다.
> 보좌의 명을 받들어
> 구름이 일고, 폭풍우가 분다.

하나님은 자연을 엄격하게 감독도 하지 않으시면서, 궁극적인 통제도 없이 이 불운한 적, 마귀에게 재앙을 맡기시지 않았다. 하나님의 허락 없이는 지진도 발생하지 않고, 토네이도도 일어나지 않으며, 쓰나미가 마을을 휩쓸지 않는다.

첫째, 하나님이 자연을 책임지고 계시다는 의견에 동의하는 많은 신학자가 하나님이 자연 재해를 일으키지 않으시고 오직 자연 재해를 허용하신다는 점을 강조한다.

이것은 특히 욥기에서 사탄이 욥을 시험하도록 재난을 일으킬 수 있도록 허용했기 때문에 도움이 되는 말이다. 하지만, 자연 재해를 허용하시는 하나님은 자연 재해가 일어나지 않도록 선택하실 수도 있다는 것을 명심해야 한다.

그것들을 허락하는 바로 그 행위에서, 그분은 그들이 주의 섭리와 의지의 경계 안에 있다는 것을 증명하신다. 마틴 루터가 마귀조차도 하나님의 마귀라고 말한 것은 옳았다.

둘째, 이것은 매우 중요하다. 하나님은 때때로 부차적인 원인이 없더라도 자연을 통제하시는 존재로 그려진다. 제자들이 폭풍우 치는 바다에 빠져 죽을 것을 예상하면서 어찌할 바를 모르고 있을 때, 그리스도는 낮잠에서 깨어나 파도에게 말씀하셨다.

> 예수께서 깨어 바람을 꾸짖으시며 바다더러 이르시되 잠잠하라 고요하라 하시니 바람이 그치고 아주 잔잔하여지더라(막 4:39).

같은 그리스도께서 온두라스의 해일이나 베네수엘라의 산사태로 인한 진흙탕을 촉발한 비에게 비슷한 명령을 하실 수 있었고, 그랬다면 그것들은 예수님께 복종했을 것이다.

그리스도께서 명령하셨다면, 동남아시아의 쓰나미는 시작하기도 전에 끝났을 것이다. 성경이 해일과 쓰나미를 어떻게 설명하는지 주목하라.

> 그의 궁전을 하늘에 세우시며 그 궁창의 기초를 땅에 두시며 바닷물을 불러 지면에 쏟으시는 이니 그 이름은 여호와시니라(암 9:6).

셋째, 하늘이 하나님의 영광을 선포하고, 주님이 자연의 긍정적인 면을 통해 그분의 속성을 드러내는 것이 사실이라면, 자연 재해가 그분의 다른 속성을 드러낸다는 것이 이

치에 맞지 않는가?

별을 창조하시고 그 궤도를 지키시는 하나님이 어찌 된 일인지 자연에서 배제된다는 암시는 성경에서 찾아볼 수 없다.

만약 자연이 우리에게 하나님의 균형 잡힌 모습을 보여 준다면, 우리 역시 하나님의 심판을 보아야 한다.

> 여호와께서 그가 기뻐하시는 모든 일을 천지와 바다와 모든 깊은 데서 다 행하셨도다 안개를 땅 끝에서 일으키시며 비를 위하여 번개를 만드시며 바람을 그 곳간에서 내시는도다(시 135:6-7).

우리는 다음 장에서 이 생각을 다시 살펴보기로 하자.

2. 성경 속 재앙

쓰나미 후, 기독교 성직자로 추정되는 사람이 하나님이 이 재앙과 관련이 있는지 질문을 받았다. 그는 "아니오"라고 했다.

왜 그런 일이 일어났는지에 관한 질문은 신학적 대답이 아니라 지질학적 대답을 요구한다.

그는 나와 같은 성경책을 읽고 있는가?
아니면 그는 성경을 읽고 단순히 그것을 믿지 않기로 선택했을까?
누가 노아 시대에 홍수를 보냈는가?

하나님이 말씀하셨다.

> 내가 홍수를 땅에 일으켜 무릇 생명의 기운이 있는 모든 육체를 천하에서 멸절하리니 땅에 있는 것들이 다 죽으리라(창 6:17).

하나님은 비의 시기, 지속 시간, 강도를 결정하셨고 그것은 그분의 말씀대로 일어났다. 하나님이 날씨와 아무 상관이 없다는 것을 노아에게 이해시키기 어려우셨을 것이다. 그래서 노아가 할 수 있는 것은 홍수가 났을 때 그저 우는 것이었다.

누가 이집트의 재앙을 보냈을까?
누가 우박과 어둠을 보냈을까?
누가 여호수아가 전쟁에서 이기도록 "태양아 너는 기브온 위에 머무르라 달아 너도 아얄론 골짜기에서 그리할지어다" 라고 선포하게 하셨는가?
누가 엘리야 시대에 하늘을 봉하고, 그의 기도에 응답하여 비를 내리게 하셨는가?

고라의 아들들이 모세에게 반기를 들 때 누가 지진을 보냈는가?

이 사건은 특히 중요하다.

> 그가 이 모든 말을 마치자마자 그들이 섰던 땅바닥이 갈라지니라 땅이 그 입을 열어 그들과 그들의 집과 고라에게 속한 모든 사람과 그들의 재물을 삼키매, 그들과 그의 모든 재물이 산 채로 스올에 빠지며 땅이 그 위에 덮이니 그들이 회중 가운데서 망하니라(민 16:31-33).

하나님이 이러한 재해의 궁극적 원인이 아니라고 누가 말할 수 있겠는가?

성경 기자는 선원들이 요나를 배 밖으로 내던지게 한 폭풍을 누가 일으켰는지에 대해 의심의 여지없이 밝힌다.

> 여호와께서 큰 바람을 바다 위에 내리시매 바다 가운데에 큰 폭풍이 일어나 배가 거의 깨지게 된지라(욘 1:4).

선원들은 원치 않는 화물을 던지는 것에 대해 고민했지만, 성경은 이렇게 기록되었다.

> 요나를 들어 바다에 던지매 바다가 뛰노는 것이 곧 그친지라(욘 1:15).

성경은 몇몇 신학자만큼 하나님의 평판에 관심을 두지 않는 것처럼 보인다. 그것은 분명히 바람, 비, 땅의 재앙을 하나님이 일으키셨다고 한다.

이 모든 이야기의 공통점은 무엇일까?

첫째, 하나님이 세세하게 관여하고 계시다는 것이다.

지진이 일어나든, 사나운 바람이 불든, 폭풍우가 몰아치든, 그 사건들은 하나님의 말씀에 따라서 오고 갔다.

둘째, 이것들은 대부분 심판이었다.

그것들은 하나님이 불복종에 대한 그분의 증오를 표현하는 수단이었다. 구약성경 시대에, 이러한 심판은 일반적으로 의인과 악인을 구분한다 (다음 장에서 볼 수 있듯이, 오늘날에는 그렇지 않다).

하지만, 그 당시에 때때로 정의로운 사람들도 이러한 심판의 희생자였다. 욥의 자녀들, 그들이 사악해서가 아니라, 하나님이 그들의 아버지를 시험하려고 하셨기 때문에 살해되었다.

다른 한편으로, 우리는 또한 구약과 신약성경 모두에서 하나님이 그분의 백성을 돕기 위해 지진을 보내셨다는 것을 알아야 한다.

사울의 아들 요나단이 블레셋 사람을 죽였을 때 성경은 이렇게 말한다.

> 들에 있는 진영과 모든 백성들이 공포에 떨었고 부대와 노략꾼들도 떨었으며 땅도 진동하였으니 이는 큰 떨림이었더라(삼상 14:15).

그리고 신약성경에서 지진이 바울과 실라를 감옥에서 구했다.

> 한밤중에 바울과 실라가 기도하고 하나님을 찬송하매 죄수들이 듣더라. 이에 갑자기 큰 지진이 나서 옥터가 움직이고 문이 곧 다 열리며 모든 사람의 매인 것이 다 벗어진지라 (행 16:25-26).

지진에는 하나님의 표식이 있다. 그래도 만약 여러분의 마음속에 궁극적으로 하나님이 자연을 지배하고 계신다는데 의심이 여전히 있다면, 한번 묻겠다.

여러분은 결혼식을 위해 아름다운 날씨를 구하는 기도를 해 본 적이 있는가?
가뭄에 비가 오기를 기도해 본 적이 있는가?
여러분은 심한 폭풍우 가운데 보호를 위해 기도해 본 적이 있는가?

하나님이 날씨를 통제하실 수 없다고 주장하는 사람들은 거대한 굴뚝 같은 구름이 다가오면 마음을 바꾼다. 우리는 이러한 사건들로부터 하나님을 배제하려고 노력할 수 있지만, 우리가 기도하기 위해 머리를 숙이는 순간, 우리는 그분이 책임자이심을 인정하고 있다.

샌프란시스코의 목사들이 고속도로에 차가 거의 없는 이른 아침에 지진이 일어났다고 하나님께 감사한 것은 옳은 일이었다. 그러나 비극에 대한 책임이 하나님께 없다고 한 그들의 말은 틀렸다. 물론 그분이 하셨다.

성경적으로나 논리적으로나 다른 방법은 있을 수 없다. 가장 중요한 것은 만약 자연이 하나님의 손에서 벗어나 있다면, 나 역시 하나님의 손에서 벗어난다는 것이다.

왜냐하면, 나는 그저 자연의 희생자가 될 수 있기 때문이다. 그래서 그분의 의도적인 의지나 목적과 상관없이 죽게 된다. 그러나 예수님은 자녀들이 하나님의 세부적인 보살핌 안에서 안전하다고 확신하신다.

> 참새 다섯 마리가 두 앗사리온에 팔리는 것이 아니냐 그러나 하나님 앞에는 그 하나도 잊어버리시는 바 되지 아니하는도다 너희에게는 심지어 머리털까지도 다 세신 바 되었나니 두려워하지 말라 너희는 많은 참새보다 더 귀하니라 (눅 12:6-7).

들의 백합과 작은 참새들을 보살펴 주시는 하나님이 자연을 잘 다스리신다.

3. 감히 하나님께 악을 씌워?

하지만 하나님이 만물의 궁극적 원인이시라면 우리가 감히 악을 씌울 수 있겠는가?
그분의 모든 선물이 좋고 완벽하며 도움이 되지 않는가?
하나님이 인간에게 그렇게 파괴적이고 상처받는 것처럼 보이는 일들을 허락하시거나 행하실 때 어떻게 선하실 수 있는가?

확실히 우리가 지진을 막을 힘이 있었다면, 쓰나미를 막을 수 있었다면, 우리는 그렇게 했을 것이다. 새로운 과부, 고갈된 자원, 새 무덤뿐만 아니라 자연 재해가 닥쳤을 때 고아가 되는 아이들을 생각해 보라.
하나님이 비난을 받으셔야 하는가?
앞서 언급했듯이 자연현상은 일반적인 의미의 재난이 아니다. 만약 쓰나미가 바다 한가운데에서 일어나고 우리 인간에게 영향을 미치지 않는다면, 우리는 쓰나미를 재난이라고 생각하지 않을 것이다. 그러한 현상이 인간의 고통을 유발하기 때문에 재난이라는 생각에 영향을 미친다. 그러나 우리는 솔직히 이 문제를 바라보아야 한다.

하나님이 인간에게 고통을 주는 파괴적인 재난 때문에 비난을 받으셔야 하는가?

그 비난은 잘못을 내포하고 있고, 나는 그런 말이 전능하신 분에게 적용되어야 한다고 생각하지 않는다. 보통 책임이라는 단어가 책임져야 한다는 뜻을 내포하고 있으므로 자연 재해에 대한 책임이 하나님께 있다고 말하는 것조차 최고가 아닐 수 있다. 그러니 누구도 하나님께 책임을 물을 수 없다.

> 오직 우리 하나님은 하늘에 계셔서 원하시는 모든 것을 행하셨나이다 (시 115:3).

나는 하나님이 직접 또는 이차적 원인을 통해 자신의 행성에서 일어나는 일에 책임지고 계신다고 단순하게 말하는 것이 가장 좋다고 생각한다.

나는 하나님이 다른 규칙에 따라 행동하신다는 것에 솔직하게 동의하는 것으로 시작하겠다. 수영장 옆에 서서 갓난아기가 넘어지는 것을 지켜보면서 아이를 끌어내지 않았다면, 당신의 과실은 기소의 대상이 될 것이다.

그러나 하나님은 아이들이 익사하는 것을 보시고, 매일 굶어 죽는 것을 보시고, 개입하지 않으신다. 그분은 아프리

카의 여러 나라에 가뭄을 보내 식량 부족을 초래하시고, 해일을 보내서 집과 농작물을 쓸어버리신다.

우리는 사람들이 가능한 한 오랫동안 살도록 할 의무가 있지만, 만약 하나님이 그런 기준에 사로잡혀 계신다면, 아무도 죽지 않을 것이다.

그분은 세계의 모든 인구를 무한정 살려두실 수 있었다. 우리의 처지에서 보면 하나님이 범죄자가 되시는 것이 일상일 것이다.

뭐가 다른가?

그분은 창조주시고 우리는 피조물이다. 그분은 우리에게 생명을 주신 은인이기 때문에, 그분은 또한 생명을 빼앗을 권리를 가지신다. 그분은 사람들을 가능한 한 오래 살도록 하시는 것보다 훨씬 더 복잡한 장기적 의제를 가지고 계신다. 죽음과 파괴는 그분의 계획 일부이다.

> 이는 내 생각이 너희의 생각과 다르며 내 길은 너희의 길과 다름이니라 여호와의 말씀이니라 이는 하늘이 땅보다 높음 같이 내 길은 너희의 길보다 높으며 내 생각은 너희의 생각보다 높음이니라 (사 55:8-9).

모든 십계명이 하나님께 적용되는 것은 아니다. 예를 들어, 그분은 모든 것의 소유자이시기 때문에 훔치실 수 없다.

아버지도 어머니도 없는 그분은 필연적으로 자기 자신만을 존중하신다. 하나님은 사람을 자주 치지는 않으시지만, 질병과 재난 그리고 다른 여러 가지 재난을 통해 매일, 매시간 규칙적으로 "인간의 생명을 앗아간다"라고 한다.

유명한 철학자 존 스튜어트 밀(John Stuart Mill)은 자연 재해는 하나님이 선하지도 전능하지도 않을 수 있음을 증명한다고 썼다. 만약 그분이 선하시고 전능하시다면, 고통과 행복은 세상에서 세밀하게 분배되어 각각 자신이 마땅히 받아야 할 것을 얻을 것이기 때문이다.

밀은 이렇게 썼다.

> 종교적 또는 철학적 광신주의에 따라 틀이 잡힌 가장 왜곡되고 축약된 선한 이론에도 불구하고, 자연의 정부는 선하면서 또한 전지전능한 존재가 한 일과 유사하게 만들 수 없다.[5]

그러나 밀은 두 번째 원칙을 잊어버렸다. 최종적 보상과 처벌은 이생에서 이루어지지 않는다는 것이다. 실제로 성경은 정의로운 사람들이 종종 가장 무서운 재앙을 받는다고 가르친다.

---

5 John Stuart Mill, *Nature: The Utility of Religion and Theism* (Watts & Co., The Rationalist Press, 1904), 21.

하나님은 항상 시간(시대)보다는 영원의 관점에서 행동하며, 모든 결정은 무한한 관점으로 이루어진다. 만약 여러분이 가장 먼 행성으로 가는 줄자를 생각한다면, 지구라는 행성은 단지 그 테이프 상의 머리카락일 뿐이다. 그러므로 우리는 시간(시대)의 관점에서 보지만, 하나님은 영원의 광대한 파노라마를 보시는 것이다.

처벌과 보상을 위한 시간은 분명히 있을 것이다. 우리는 재난이 가져다주는 가슴 아픈 비극을 위해 하나님이 선하고 지혜로운 목적을 가지고 계신다고 믿는다.

수천 명의 목숨을 앗아간 터키 지진에 대해 존 파이퍼(John Piper)는 이렇게 말했다.

> [하나님은] 수십만 개의 목적을 가지고 계시는데, 그 대부분은 종말 때까지 숨겨져 있어 우리는 그때 가서야 완전히 이해할 수 있을 것이다.[6]

하나님은 우리가 죽든 살든 각각의 개인에게 목적을 가지고 계신다. 일부에게는 최후 심판 시한의 도래가 그분의 목적이다. 생존자들에게는 재정렬된 우선순위와 가장 중요한 것

---

[6] John Piper, "Whence and Why?" *World Magazine* (September 4, 1999), 33.

에 대한 새로운 관심을 두게 하는 연장된 자비가 주어진다. (재앙 가운데 살아난 사람들은 대부분 자신의 삶을 되돌아보고 하나님의 뜻을 생각하며 더 나은 앞으로의 삶을 결단한다)

허리케인 카트리나 때 하나님을 제외한 모든 것을 잃었다고 말한 여성은 아마도 절망 속에서 전능하신 분께로 돌아선 수십만 명의 사람을 대변했을 것이다.

하나님은 인류의 고통을 즐기지 않으신다. 확실히 그분이 사람들의 고통을 즐기신다는 것은 세상을 생각하시는 그분의 기본적인 성품과 일치하지 않는다.

> 그러나 주여 주는 긍휼히 여기시며 은혜를 베푸시며 노하기를 더디하시며 인자와 진실이 풍성하신 하나님이시오니(시 86:15).

하나님은 악한 자의 죽음을 기뻐하지 않으시고, 악한 길에서 돌이킬 때 기뻐하신다.

> 주 여호와의 말씀이니라 내가 어찌 악인이 죽는 것을 조금인들 기뻐하랴 그가 돌이켜 그 길에서 떠나 사는 것을 어찌 기뻐하지 아니하겠느냐(겔 18:23).

반면에 하나님은 그분의 심판을 실행하는 데 기쁨을 느끼신다.

> 여호와께서 너희에게 선을 행하시고 너희를 번성하게 하시기를 기뻐하시던 것 같이 이제는 여호와께서 너희를 망하게 하시며 멸하시기를 기뻐하시리니 너희가 들어가 차지할 땅에서 뽑힐 것이요(신 28:63).

그 이유는 명백하다. 그분은 그의 영광을 지키는 것을 좋아하시고 그는 자기 백성의 영광을 질투하시며 겸손을 원하신다.

다음 장에서는 이 문제에 더 많은 시간을 할애하겠다.

비록 하나님이 상세한 내용을 밝히지 않으시더라도 우리가 그분을 신뢰함은 바로 그분의 마음을 기쁘시게 하는 믿음의 한 종류다.

마지막으로, 유한한 존재로서 우리는 무한한 존재를 판단할 수 없다. 하나님은 그분이 하시는 모든 것을 우리에게 말씀하실 의무가 없다. 바울이 상상 속의 대상이나 하나님의 주권을 상기시켰듯이, 점토는 도공에 대한 심판권이 없다(롬 9:21 참조). 우리가 하나님의 권위 앞에 고개를 숙이기 전에 하나님의 뜻을 알 필요는 없다.

그리고 우리가 하나님을 믿는다는 것은, 하나님이 자세한 것을 밝히지 않으셨음에도 불구하고, 바로 믿음으로 그분의 마음을 기쁘시게 하는 것이다.

> 믿음이 없이는 하나님을 기쁘시게 하지 못하나니 하나님께 나아가는 자는 반드시 그가 계신 것과 또한 그가 자기를 찾는 자들에게 상 주시는

이심을 믿어야 할지니라(히 11:6).

내가 방금 쓴 글에 여러분이 반감을 느낀다면, 하나님이 그분의 속성을 택하지 않으셨음을 유념하라. 그분은 그저 영원히 우리를 소유하실 뿐이다. 그분이 선택하신 일에 반대해도 별 도움이 되지 않는다.

그분이 모세에게 "나는 곧 나다"라고 말씀하셨을 때, 그분은 사실 "너희는 내가 누구이기를 바라느냐"가 아니라 "나는 스스로 존재한다"라고 하셨다.

그러나 제4장에서 우리는 이 주권자이신 하나님이 우리에게 주님을 믿을 만한 이유를 주셨음을 알게 될 것이다. 믿음은 항상 필요하겠지만, 우리의 믿음은 든든한 버팀목을 가지고 있다. 우리는 영리한 우화를 믿지 않고 오히려 성경에 나오는 하나님의 뜻과 우리와 교제하는 믿음직한 말씀을 믿는다.

4. 동정심으로 응답

하나님은 자연을 사용하여 우리를 축복하시고, 도전하시며 우리를 먹이시고 가르치신다. 그분은 우리가 이 타락한 세상에서 이기는 자가 될 수 있도록 악마에 맞서 싸우는 것처럼 자연에 맞서 싸우게 하신다. 자연은 하나님의 감독하에 있지만 우리는 질병과 재앙과 싸우도록 초대받았다.

우리는 제3 세계 국가의 굶주린 사람들을 위해 더 나은 의료 서비스와 깨끗한 물과 식량을 제공하기 위해 노력할 수 있고, 노력해야만 한다. 우리는 개인적으로 큰 손해를 무릅쓰고 고통당하는 사람들을 기꺼이 도와야 한다.

전염병이 비텐베르크를 덮쳤을 때 그리스도인들이 마틴 루터에게 병든 사람들을 도와야 하는지 묻자, 각자가 스스로 그 질문에 답해야 한다고 말했다.

그는 전염병이 악령에 의해 발생했다고 믿었지만 이렇게 말했다.

> 그렇지만 이것은 하나님의 강령이며, 성스러운 방법으로 우리의 목숨을 걸고, 인내심을 가지고 이웃을 섬겨야 하는 형벌이다.

> 그가 우리를 위하여 목숨을 버리셨으니 우리가 이로써 사랑을 알고 우리도 형제들을 위하여 목숨을 버리는 것이 마땅하니라(요일 3:16).[7]

---

[7] Timothy Lull, ed., *Martin Luther's Basic Theological Writings* (Minneapolis: Augsburg Fortress Publishers, 1989), 744.

내가 이 글을 쓰는 동안 뉴스 매체는 조류 인플루엔자에 관한 이야기를 전하고 있는데, 이는 사람에게 감염시킬 가능성이 있으며 미국에 들어올 수 있다.

일부 그리스도인은 자신의 목숨을 걸고 다른 사람들, 즉 아픈 사람들을 돕기 위해 머물러야 할지, 도망가야 할지 궁금할 것이다.

이와 같은 재난으로 인해 비텐베르크 전염병에 대한 루터의 발언은 매우 적절하다. 그의 이야기를 더 들어보자.

> 재난이 우리를 덮쳐 멸하는 것이 하나님의 뜻이라면, 우리에게는 어떤 예방책도 우리에게 도움이 되지 않을 것이다. 모든 사람은 이 점을 유념해야 한다. 우선, 그분이 우리가 이웃을 섬기기 위해 죽음이 닥치는 곳에 머물러 있어야 한다고 하신다면, 하나님께 찬양을 드리고 이렇게 기도해야 한다. "주님, 저는 당신 손에 있습니다. 당신은 나를 여기에 두셨습니다. 우리는 해낼 것입니다. 저는 당신의 비천한 피조물입니다. 제가 불, 물, 가뭄 또는 기타 위험에 처했을 때 죽이시거나 살리시는 것처럼 당신은 나를 죽이시거나 이 역병 속에서 나를 보호할 수 있습니다."[8]

---

[8] Timothy Lull, ed., *Martin Luther's Basic Theological Writings* (Minneapolis: Augsburg Fortress Publishers, 1989), 742.

그렇다. 역병은 '하나님의 칙령'이었다!

그러나 우리는 병든 사람들의 생명을 구하고 죽어 가는 사람들을 위해 우리가 할 수 있는 일을 해야 한다. 재난이 닥쳤을 때 부상자를 구할 기회를 주신 하나님께 감사해야 한다.

비극은 우리 주변의 산 자와 죽어가는 자들을 위해 봉사하는 기회를 준다. 다른 사람들의 비극을 통해, 우리는 우리의 편안한 생활 방식에서 벗어나 세상의 고통으로 들어갈 기회를 얻게 된다.

역사적으로 교회는 항상 비극에 희생과 용기를 가지고 대응해 왔다. 3세기에 터툴리안(Tertullian)은 이교도들이 역병으로 가장 가까운 친척들을 버렸을 때, 기독교인들은 병든 사람들을 돌보았다. 그리고 이교도들이 전장에 묻히지 않은 채 남겨졌을 때, 기독교인들은 목숨을 걸고 시신을 수습하고 부상자들의 고통을 덜어 주었다.

허리케인 카트리나가 멕시코 연안을 강타했을 때, 교회들은 희생자들을 돕기 위해 그곳에 갔다. 수만 끼의 식사를 준비했고, 교회들은 다른 교회들의 이전과 재건축이라는 고통스러운 과정을 시작할 수 있도록 도왔다.

심지어 세속 언론들도 적십자사가 교회들이 어려울 때 희생적으로 돕는 것을 막지 못했다는 것을 인정해야만 했다. 정부와 적십자사가 할 수 없는 일을 하나님의 백성들이

했다. 우리도 이렇게 해야만 한다.

예수님은 죄의 저주가 이 세상에 가져다준 고난에 슬퍼하셨다. 우리는 그분이 나사로의 무덤에서 우시는 것을 보고, 그분의 신음을 듣는다.

> 이에 예수께서 다시 속으로 비통히 여기시며 무덤에 가시니 무덤이 굴이라 돌로 막았거늘(요 11:38).

돌이 제거된 후 예수님은 "나사로야, 나와라"라고 외치셨다. 그리고 죽은 사람이 놀란 구경꾼들 앞에서 살아났다. 나사로가 죽도록 며칠 더 머물렀던 바로 그 예수님이, 또한 죽음에서 그를 살리신 바로 그분이다.

그래서 자연법칙을 창조하시고 그들이 자신의 '행로를 선택'하게 하신 바로 그 하나님은 이러한 자연의 힘에 맞서 싸우라고 우리에게 명령하시는 바로 그분이다.

타락 이전에는 아담과 이브에게 자연을 다스리라는 명령이 계속되었지만, 이제 땅은 가시와 엉겅퀴를 낳을 것이고 출산은 고통과 씨름하는 것을 의미할 것이다. 살고자 하는 욕망이 살고자 하는 투쟁이 될 것이다.

현대 의학과 기술을 통해 가능한 한 오랫동안 죽음을 막을 수 있지만, 결국 우리는 모두 그 힘에 굴복하게 될 것이다. 그러나 결국 우리는 승리한다. 왜냐하면, 그리스도는 타락한 자연의 부패를 정복하기 위해 오셨기 때문이다.

인간이 겪는 고통의 이유와 원인보다 더 큰 신비는 없을 것이다. 그러므로 하나님의 길은 과거의 발견이라는 것을 겸손히 고백하자.

윌리엄 쿠퍼(William Cowper)는 하나님의 신비를 다음과 같이 설명했다.

> 하나님은 신비한 방식으로 움직이시고
> 그분의 경이로움으로 행하신다.
> 바다에 발자취를 남기시고
> 폭풍을 타고 가신다.
> 측량할 수 없는 깊음
> 절대 실패하지 않는 기술로
> 그분은 그분의 빛나는 설계를 소중히 여기시고,
> 그리고 그분의 주권 의지를 작동시키신다.
> 겁에 질린 성도들은 새로운 용기를 가지게 되고
> 그대들이 두려워하는 구름은 자비로 변해
> 네 머리에 축복을 내리게 될 것이다.
> 주님은 미약한 분별력으로 판단하지 않으시고
> 하지만 그분의 은총을 믿어라.
> 눈살을 찌푸리게 하는 하나님의 뒤에,
> 그분은 웃는 얼굴을 숨긴다.

> 그분의 목적은 빠르게 익을 것이다.
> 매시간 접은 것을 펴고
> 싹은 쓴맛을 낼지 모르지만
> 달콤한 꽃이 될 것이다.
> 맹목적 불신은 분명 틀릴 것이다.
> 그리고 그분의 작품을 헛되이 훑어보시리라.
> 하나님은 자신의 통역사이시고
> 그리고 그분은 그것을 분명히 할 것이다.[9]

한 현명한 사람은 이렇게 썼다.

> 당신이 인생의 신비를 이해하지 못한다고 슬퍼하지 말라.
> 장막 뒤에 많은 기쁨이 감추어져 있다.[10]

신뢰하는 신자는 이것이 그렇다는 것을 안다.

---

[9] William Cowper, "God Moves In a Mysterious Way", *Cowper's Poems*, Hugh I'Anson, ed. (New York: Everyman's Library, 1966), 188-189.
[10] Quoted in Charles Swindoll, *The Mystery of God's Will* (Nashville: W Publishing Group, 1999), 115.

5. 토론을 위한 질문

(1) '울고 계시는' 하나님이라는 말이 위로를 주는가?

그런 하나님을 믿는 것의 부정적인 의미는 무엇인가?

(2) 중간 원인과 최종 원인의 차이점은 무엇인가?

이것은 자연 재해에 어떻게 대처하고 있다고 보는가?

(3) 당신은 하나님이 자연 재해를 선을 위해 이용하실 수 있다고 믿는가?

왜? 아니라면 왜?

(4) 하나님의 방법은 우리 방법과 어떻게 다른지 나열하라.

그분의 사람과 우리와 세상을 위한 그분의 목적은 우리 생각과 어떻게 다른가?

제3장

배워야 할 교훈이 있는가?

하나님의 형상대로 창조된 우리는 인간의 비극을 허용(사실 또는 예정)하는 전능하신 분의 숨겨진 목적을 알려고 하는 경향이 있다. 우리는 아는 체하지 말고 신중해야 하며, 아예 침묵하는 정반대의 실수도 삼가야 한다.

내가 자연 재해에서 '배워야 할 교훈'을 말할 때 하나님이 왜 이런 참상을 세상에 보내시는지 그 이유를 제시하는 것이 아님을 강조한다. 궁극적으로, 오직 그분만이 진짜 이유를 알고 계시지만, 그분은 우리에게 그 세부 사항을 밝혀야만 할 이유는 없다.

또한, 나는 이러한 교훈이 외로움과 고통 속에 있는 사람들을 위로하리라고 암시하고 싶지도 않다. 하나님이 재앙을 보내신 이유를 우리가 다 알고 있다고 하더라도 그것이 자녀들을 위해 슬퍼하는 어머니의 고통을 줄여 주지는 못한다는 것을 솔직하게 인정하자. 재난이 닥쳤을 때, 우리는 말하는 것보다 기도하는 데 더 많은 시간을 보내야 한다.

그러나 곰곰이 생각해 보면 하나님이 말씀을 통해 우리에게 그분의 목적을 약간 보여 주셨음을 알 수 있다.

예수님이 18명의 사람이 묻혀 있는 무너진 탑을 언급하셨을 때, 인간의 비극에 대한 의문을 어느 정도 밝혀 주셨다고 생각한다.

여기 예루살렘에서 회자되고 있는 비극이 있다. 이 탑은 유대인들을 고용하고 있던 로마인들이 축조한 수로였을 가능성이 크다. 물론, 유대인 광신도들은 유대인 노동자들이 그들을 멸시하는 압제자들에게 이익이 되는 사업을 돕는 것을 못마땅하게 생각했을 것이다.

우리는 그 반응을 상상할 수 있다.

그 사람들은 죽을 만한 일을 했다!

그들은 하나님의 심판을 받았다!

그 시절에는 분명히 독선적인 손가락질도 있었을 것이다. 그러나 예수님은 그 사건에 대해 다른 해석을 내리셨다.

> 또 실로암에서 망대가 무너져 치어 죽은 열여덟 사람이 예루살렘에 거한 다른 모든 사람보다 죄가 더 있는 줄 아느냐 너희에게 이르노니 아니라 너희도 만일 회개하지 아니하면 다 이와 같이 망하리라 (눅 13:4-5).

1. 재해는 무작위로 발생한다

예수님은 무너진 탑의 사건을 사용하셔서 재앙이 악인과 의인을 나누지는 않는다는 것을 지적하셨다. 죽은 사람들은 예루살렘에서 다른 사람들보다 더 큰 죄인이 아니었다. 그렇게 뜻밖에 죽은 사람들을 비판하는 것은 도덕적으로도 잘못되었으며 독선적이다.

하나님의 관점에서 재난은 치밀하게 계획되어 있을 수 있지만, 우리의 관점에서는 그것들이 무작위로 일어나는 것으로 보일 수 있다. 우리는 재앙이 인류를 정의롭거나 사악한 두 범주로 나눈다고 생각할 권리가 없다.

구약 시대에 하나님은 유대 민족을 직접 통치하셨다. 그래서 하나님은 그들을 특정 지리적 지역에 사는 집단으로 다루셨다. 따라서 그들의 불순종과 자연 재난 사이에는 종종 직접적 인과 관계가 있었다. 하나님은 자연을 사용하여 사람들에게 상을 주시거나 벌을 주시겠다고 말씀하셨다.

> 혹 내가 하늘을 닫고 비를 내리지 아니하거나 혹 메뚜기들에게 토산을 먹게 하거나 혹 전염병이 내 백성 가운데에 유행하게 할 때에 내 이름으로 일컫는 내 백성이 그들의 악한 길에서 떠나 스스로 낮추고 기도하여 내 얼굴을 찾으면 내가 하늘에서 듣고 그들의 죄를 사하고 그들의 땅을 고칠지라(대하 7:13-14).

불순종에 대한 처벌로 메뚜기와 전염병을, 순종에 대한 보상으로 비와 좋은 작물을 주셨다. 미국에서 볼 수 있듯이 국가가 하나님에게서 돌아서도 때때로 좋은 작황이 주어지는 오늘날과 대조된다. 믿지 않는 사람도 신자와 함께 축복을 받는 것처럼 의인도 불신자와 함께 희생자가 되는 경우가 많다.

재난은 직위, 지위 또는 나이와 관계없이 무작위적으로 발생하는 것으로 보인다. 그리고 자연 재해가 인류를 생활 양식에 따라 선악의 두 개 진영으로 나누지 않는 것처럼, 종교의 상대적 가치를 증명하거나 반증하지도 않는다.

쓰나미 이후 여러 종교 단체에서 보고가 들어오기 시작했으며, 각각 기적적으로 구원을 받았기 때문에 하나님이 그들 편이라고 주장했다.

「시카고 트리뷴」(*Chicago Tribune*)은 12월 26일에 발생한 쓰나미 10일 후 이렇게 보도했다.

> 당일 작은 해안 예배당을 폐쇄하고 다른 곳으로 옮긴 한 스리랑카 신부의 결정이 생명의 은인이었다.

특별한 이유 없이 그는 해변 예배당에서 해안에서 1마일 떨어진 교회로 미사를 옮겼다. 그 결과, 미사는 45분 늦게 시작되었고, 예배가 끝났을 때 쓰나미가 닥쳤다.

만약 미사가 제시간에 시작되었더라면 많은 교구민은 이미 집으로 돌아와 치명적인 파도에 휩싸였을 것이다. 그러나 미사가 예정보다 늦게 진행되었기 때문에 미사가 끝날 때까지 머물렀던 1,500명은 살아남았다.[1]

신부 자신은 이것이 가톨릭 신앙의 진실성을 증명한다고 말하지 않았다. 그러나 다른 사람들은 그들이 희생되었던 이유가 예배를 드렸던 성 요셉교회 내는 성인(마리아 등)의 동상이 있었던 반면에, 해안에 있는 교회는 그렇지 않았기 때문에 완전히 파괴되었다고 믿는다.

나는 또한 교회가 개신교 복음주의 날개 아래 보호받는 이야기를 들었다. 인도네시아 마을 뮬라보(Meulaboh)에는 약 400명의 기독교인이 있었다. 그들은 12월 25일에 크리스마스를 축하하고 싶었지만, 무슬림들은 허락하지 않았다. 그들은 그리스도의 탄생을 기리기 위해 도시 밖으로 나가야 한다고 들었다.

그래서 기독교인들은 크리스마스를 축하하기 위해 마을을 떠나 다음날 밤을 언덕에서 보냈다. 아침에 쓰나미로 마을 사람들의 80퍼센트가 사망했지만 기독교인들은 모두 목숨을 건졌다.

---

[1] Kim Barker, "Many Faithful Spared When Mass Relocated", *Chicago Tribune* (January 5, 2005), sec. 1, 6.

빌 헥만(Bill Hekman) 목사에 따르면 일부 무슬림은 이제 그들의 동료 무슬림 중 많은 사람이 구원받은 기독교인들을 대하는 방식 때문에 재난을 당했다고 믿고 있다. 빌 헥만은 이것은 하나님이 당신 자신을 보호하신다는 증거라고 말한다.[2]

그러나 쓰나미가 닥친 또 다른 지역에서 푸리마 자야란텐(Poorima Jayaranten)은 다른 해석을 한다. 그녀의 집 주위에 있는 4채의 집은 무너졌지만, 그녀의 집에 있는 3개의 방은 여전히 그대로 서 있었다.

그녀는 자신의 생존을 이렇게 설명했다고 한다.

> 친척을 잃은 대부분 사람은 무슬림이었다. 그녀는 엄청난 파괴력의 영향을 받지 않고 그녀의 집에 남아 있는 온전한 벽 중 하나에 걸려 있는 사진을 가리키면서 부처가 그녀를 보호했다고 믿는다.

분명히 이것은 그녀가 자신의 믿음을 확인하는 데 필요한 전부다.[3]

---

[2] Bill Hekman, pastor of Calvary Life Fellowship in Indonesia (February 22, 2005), America Online: Learylegal.
[3] Amy Waldman, "Faith Divides the Survivors and It Unites Them Too", www2.kenyon.edu/Depts/Religion/Fac/Adler/Misc/Tsunami- survivors.htm last accessed 3/27/06.

그러나 무슬림들도 승리를 주장할 수 있다. 해안을 따라 그 지역에서 눈에 띄는 모든 건물이 무너졌다. 오직 하얀 모스크만이 예외였다.

이것으로 무슬림 신앙의 우월성을 보여 줄 수 있을까?

어떤 사람들은 그렇게 생각한다. 카트리나의 경우 많은 무슬림이 '카트리나'가 미국과 싸움에 동참했다고 찬양했다.

내 요점은 분명하다. 우리는 지구를 강타하는 재난에서 특정 종교를 확인해서는 안 된다. 비극은 사람들을 죽은 사람과 산 사람 두 그룹으로 나눈다. 그러나 구원받은 사람과 저주받은 사람이나, 종교적이거나 비종교적인 사람이 아니다.

그러나 나는 자연 재해가 하나님의 메가폰이라고 믿는다. 그는 어떤 사람들이 듣고 있다고 주장하는 것을 말하지 않더라도 우리에게 말씀하시고 계신다. 확실히 재난은 우리에게 교훈을 주고, 다음 장에서 살펴보겠지만 앞으로 일어날 사건의 미리 보기가 될 수도 있다.

2. 배울 수 있는 교훈

하나님의 궁극적인 목적이 신비스럽더라도 우리는 이러한 비극이 무엇을 의미하는지에 대한 단서가 전혀 없는 것은 아니다.

재난은 우리가 진정으로 가치 있는 것과 그렇지 않은 것을 구별하는 데 도움이 된다. 비극은 사소한 것에서 중요한 것, 일시적인 것과 영원한 것을 분리한다.

작가 맥스 루카도(Max Lucado)는 이렇게 말했다.

> 허리케인 카트리나로 인해 누구도 침수된 플라스마 텔레비전이나 차량에 대해 한탄하지 않는다. 아무도 "내 무선 드릴이 없어졌다" 또는 "내 골프 클럽이 떠내려갔다"고 소리치며 거리를 뛰어다니지 않는다. 만약 그들이 슬퍼한다면, 그것은 잃어버린 사람들 때문이다. 만약 그들이 기뻐한다면, 그것은 발견된 사람들 때문이다.[4]

그는 계속해서 사나운 허리케인과 무너진 제방이 우리가 사랑하는 불필요한 것들을 우리의 손에서 떼어내는 방법을 가지고 있다고 한다.

당신은 어느 날에는 모든 것을 가지고 있지만, 다음날에는 아무것도 갖지 못한다.

---

4 Max Lucado, "What Katrina Can Teach Us", *Pulpit Helps*, vol. 30, no. 11 (November 2005), 5.

우리는 다음과 같은 예수님의 말씀을 기억한다.

> 그들에게 이르시되 삼가 모든 탐심을 물리치라 사람의 생명이 그 소유의 넉넉한 데 있지 아니하니라 하시고(눅 12:15).

목사로서 나는 자녀의 고통이나 사랑하는 사람의 죽음이 갑자기 사람들에게 세상을 볼 수 있는 완전히 새로운 안경을 주는 것을 보았다. 진정한 상실로 언젠가는 세상과 그 안에 있는 모든 것이 타 버릴 것이며, 남은 것은 오직 천사, 악마, 인간, 하나님이라는 사실을 깨닫게 될 때 평소 2순위였던 것이 최우선 순위로 바뀌곤 한다.

프랑스 철학자 블레즈 파스칼(Blaise Pascal)의 이 말은 옳다.

> 인간이 사소한 일에 대해 민감하고, 중요한 일에 대해 무감각한 것은 그가 이상한 장애를 앓고 있음을 드러낸다.[5]

비극만이 우리를 현실로 몰아넣고, 사람은 중요하지만, 사물은 그렇지 않다는 것을 깨닫게 한다. 비극은 순간과 영원을 갈라놓는다. 이 세상은 다음 세상과 다르다.

---

5 James Houston, ed., *The Mind on Fire—An Anthology of the Writings of Blaise Pascal* (Portland: Multnomah Press, 1989), 51.

예수님이 우리의 가치에 대해 이렇게 말씀하셨다.

> 사람이 만일 온 천하를 얻고도 제 목숨을 잃으면 무엇이 유익하리요 사람이 무엇을 주고 제 목숨과 바꾸겠느냐(마 16:26).

나는 자연 재해가 그리스도인들에게 '이 땅의 어떤 보물도 그리스도를 아는 가치와 비교할 수 없다'는 것을 증명할 기회를 준다고 말한 존 파이퍼(John Piper)의 말에 동의한다. 이것은 바울이 전한 말씀을 상기시켜 준다.

> 그러나 무엇이든지 내게 유익하던 것을 내가 그리스도를 위하여 다 해로 여길뿐더러, 또한 모든 것을 해로 여김은 내 주 그리스도 예수를 아는 지식이 가장 고상하기 때문이라 내가 그를 위하여 모든 것을 잃어버리고 배설물로 여김은 그리스도를 얻고, 그 안에서 발견되려 함이니 내가 가진 의는 율법에서 난 것이 아니요 오직 그리스도를 믿음으로 말미암은 것이니 곧 믿음으로 하나님께로부터 난 의라(빌 3:7~9).

예수님을 아는 사람은 결코 고통과 죽음이 빼앗을 수 없는 보물을 가지고 있다.

3. 인간의 이중성

나는 항상 인간의 본성에 매료되었다. 비극이 닥쳤을 때 인간의 선함과 악함이 나란히 존재할 수 있다는 점에 나는 경탄한다. 우리는 뉴올리언스에서 있었던 영웅적이고 희생적인 구조에 대한 많은 이야기를 들었다. 그때 많은 사람이 다른 사람들을 위해 목숨을 걸었다.

하지만 동시에 우리는 그런 모든 공포에서 원시적인 인간의 본성도 보았다. 가족을 위해 약탈한 자들을 말하는 것이 아니다. 슈퍼돔에서 일어난 강간, 구타, 살인 등의 소문에 대해 말하는 것이다. 화재는 방화로 발생했고 구조 헬기는 반복적으로 총격을 받았다는 것에 대해 말하는 것이다.

참사 이후 청소를 위해 돌아온 이들은 물의 범람으로 노출된 음란물의 양에 놀랐다. 시간을 갖고 자문해 봐야 할 것 같다.

만약 우리가 갑자기 집을 떠났을 때, 다른 사람들이 우리 집에서 보게 될 것은 무엇일까?

쓰나미 이후 자원봉사자들이 출동했고 많은 사람이 희생자들을 돕기 위해 개인적으로 큰 희생을 치렀다. 하지만 동시에 우리는 태국과 스리랑카와 같은 나라들의 끔찍한 성매매에 대해서도 들었다.

쓰나미 이후, 어린 아이들이 납치되어 성적인 변태자들에게 이용당하고 있다는 보도가 흘러나왔다. 그 아이들은 고아가 된 것만으로는 충분치 않다는 듯, 상상조차 하기 힘든 가장 비열한 인간들의 잔혹한 행위의 먹잇감이 되었다.

우리가 이미 앞에서 보았던 것처럼, 물적 자연 세계는 인간의 도덕적 세계를 반영하는 것이다. 쓰나미가 땅을 거대한 물로 휩쓸었듯이 뉴올리언스의 뚫린 제방들이 도시의 상당 부분에 홍수를 일으켰을 때, 인간의 악한 마음도 재앙 속에서 거침없이 뿜어져 나가 엄청난 피해를 줬다. 만약 인간의 본성을 억제하는 구속력(restraint)이 없었다면, 이 세계는 멈출 수 없는 악의 파도에 휩싸였을 것이다.

이것은 중요하다. 우리 모두에게는 악과 선이 혼재되어 있음을 깨달아야 한다. 인류를 선과 악의 두 진영으로 나눌 수 없다고 말한 사람은 노벨상 수상자인 알렉산드르 솔제니친(Aleksandr Solzhenitsyn)이었다. 인종을 그렇게 나눌 수 있다면 모든 좋은 사람을 지구 한 부분에 배치하고 모든 나쁜 사람을 다른 부분에 배치할 수 있다고 그는 말했다. 그러면 의인은 "죄 없는 지대"에서 살 수 있다. 물론 그것은 불가능하다.

솔제니친은 선과 악의 경계가 인류를 통하지 않고 모든 인간의 마음을 관통한다고 정확하게 지적했다!

우리는 모두 규제가 필요하다. 우리 자신에게 맡겨진 우리는 의심과 탐욕과 두려움으로 가득 차 있다. 우리는 자신을 풍요롭게 하려고 다른 사람들을 이용할 것이다.

우리는 이기심에 사로잡혀 이웃의 복지에 거의 신경을 쓰지 않을 것이다. 비극은 선, 악, 추악한 것을 표면으로 드러내고 모두가 볼 수 있도록 인간본성을 노출한다.

파스칼(Pascal)이 한 말이 옳았다.

> 우리가 지구상에서 볼 수 있는 것 중 인간의 비참함이나 하나님의 자비를 보여 주지 않는 것은 하나도 없다.[6]

4. 생명의 불확실성

자연 재해는 야고보서의 말씀을 확인시켜 준다.

> 내일 일을 너희가 알지 못하는도다 너희 생명이 무엇이냐 너희는 잠깐 보이다가 없어지는 안개니라(약 4:14).

---

[6] James Houston, ed., *The Mind on Fire—An Anthology of the Writings of Blaise Pascal* (Portland: Multnomah Press, 1989), 51.

자연 재해로 목숨을 잃은 사람들은 아마도 그날 아침에 깨어나지 못할 것이다. "오늘은 지구상에서 마지막 날이 될 수도 있다"라고 스스로 말하자. 불행하게도, 우리 중 몇몇만 그들에게 일어난 일이 우리에게 일어날 수 있다고 믿는다. 하지만 실로암 탑도 자연 재해와 마찬가지로 사전 경고 없이 갑자기 무너졌다.

뜻밖의 재난으로 죽은 사람들의 부고를 읽을 때, 당신은 거기에 당신 자신의 이름이 있는 것을 상상해 보았는가?

우리는 모두 교통 사고, 아마도 자동차 사고, 직장에서의 사고, 또는 예상치 못한 심장마비로 인해 뜻하지 않게 죽은 사람을 알고 있다. 우리가 가족과 함께 슬퍼할 때, 우리 역시 언제라도 죽을 수 있다는 것을 상기해야 한다. 자연 재해는 죽음이 코앞에 닥칠지도 모른다는 것을 상기시켜 준다.

나는 지진이 두려워 캘리포니아를 떠났는데 미주리에서 토네이도로 죽은 한 커플에 대해 읽었다!

인생은 그저 하나님으로부터 빌린 것이다. 그분은 그것을 주시고 또 가져가신다. 그리고 그분은 언제 어디서 누구나 선택하실 수 있다. 이것은 무정하게 들리겠지만, C. S. 루이스(C.S. Lewis)가 전쟁이 실제로 죽음을 증가시키지 않는다고 지적한 것은 옳았다. 전쟁이 없더라도, 희생자들은 결국 언젠가 죽는다.

잔인하게 들리겠지만, 죽음은 암이든 사고든 아니면 자연 재해든 간에 우리 모두에게 찾아온다. 성경은 죽음은 예정된 신성한 약속이라고 가르친다. 비극은 우리가 우리의 운명을 통제하고 있다는 지나친 자신감을 없애 준다.

비극은 우리가 우리의 운명을 지배하고 있다는 과신으로부터 우리를 깨워 준다.

내가 가장 낙담했던 것은 뉴올리언스에서 도망치라는 경고에 귀를 기울이지 않아서 불필요하게 죽은 사람들의 이야기였다.

에드거 홀링스워스(Edgar Hollingsworth)는 카트리나가 다가오고 있을 때 그의 집을 떠나는 것을 거부했다. 그녀와 그의 손자들이 그에게 떠나자고 애원했지만, 그는 거절했다. 그의 아내 릴리언은 그에게 작별 키스를 했다.

"내 걱정은 하지 마 내가 군대에 있을 때도 나는 한 달 내내 밥을 먹지 않은 적도 있었어."

그는 태풍이 그의 이웃을 강타하지 않고, 이전의 모든 것과 같은 방식으로 돌 것이라고 믿었다.

에드거의 친척들은 그를 강제로 차에 태울 생각을 했지만, 그를 화나게 하고 싶지는 않았다. 릴리언은 이렇게 말했다.

"그는 갑자기 완고해졌어요."

다음날 태풍이 몰아쳤고 물이 불었다. 그들은 에드거와 접촉을 시도했지만, 전화선이 끊겨 도시를 떠나야 한다는 것을 알았다. 릴리언은 누군가가 그녀의 남편을 구해 주기를 기도했고, 어떤 날에는 그가 괜찮을 것이라고 확신했다.

한편, 구조대는 에드거가 사는 주택에 O, X를 표시하며 집을 점검했고 안에 아무도 없다고 확신했다. 하지만 다른 구조대가 버려진 동물들을 찾으러 갔을 때, 그들은 옷을 벗은 채 소파에 누워 있는 거의 해골에 가까운 에드거를 발견했다. 그들은 죽은 줄 알았던 에드거가 갑자기 숨을 헐떡거리자 충격을 받았다. 긴급 구조대원들이 서둘러 그의 집으로 가서 즉시 구급 조치를 시작했다.

이튿날 릴리언은 배턴루즈 신문 1면에 실린 남편의 사진을 충격에 휩싸여 바라보았다. 그녀는 그가 어디로 옮겨졌는지 알아내고 그의 곁으로 달려갔다. 그러나 에드거는 용감한 노력에도 불구하고 그녀가 도착한 지 20분 만에 죽었다. 돌이켜 보면, 릴리언은 뉴올리언스시가 모든 사람에게 그들의 집에서 강제 퇴거하도록 명령하기를 바랐다.[7]

왜 사람들은 경고에도 불구하고 뉴올리언스에 머물렀을까?

어떤 사람들은 물이 차오르면 계단으로 올라가면 된다고 했다. 2층, 다락방 그리고 마침내 옥상으로 물이 올라올 줄은 몰랐다.

---

7   Jill Lawrence, "Behind an Iconic Photo, One Family's Tale of Grief" *USA Today* (November 11–13, 2005), 1, 6A.

데이비드 밀러(David Miller)는 이렇게 말한다.

> 창조주께서는 지구상 인간의 존재는 영구적인 것이 아니며, 오히려 지구상의 삶의 생명에 대한 하나님의 의지와 관련이 있으므로, 재난이 사람들에게 그들의 영적 상태에 참여할 기회가 주어지는 일시적인 시간적 간격의 역할을 하도록 의도하셨다. 자연 재해는 사람들에게 지구상의 생명이 짧고 불확실하다는 결정적인 증거를 제공한다.[8]

5. 자기 망상의 위험

예상치 못한 비극은 우리의 삶이 예측 가능하며 미래가 확실하다는 우리의 환상을 종식시킨다. 우리 중 많은 사람이 좋은 삶이란 돈과 즐거움, 여가로 이루어져 있고, 그리 좋지 않은 삶은 가난과 투쟁 그리고 비굴한 삶 중 하나라고 믿으며 나날을 헤맨다.

그러나 예수님은 그러한 피상적인 평가가 얼마나 기만적일 수 있는가를 증명하는 말씀을 하셨다. 이야기에 따르면

---

[8] David Miller, "God and Katrina", http://www.apologeticspress.org/articles/351.

인생을 즐기던 부자는 죽은 후 고통 속에 있는 자신을 발견했고, 이생에서 고통받던 거지는 행복속에 있는 자신을 발견했다(눅 16:19-31 참조).

이 갑작스러운 행운의 반전은 우리에게 오늘 우리의 판단이 내일 심각하게 수정되어야 할지도 모른다는 것을 상기시켜 준다!

C. S. 루이스는 그의 가장 인기 있는 책 중 하나인 『스쿠르테이프의 편지』(*The Screwtape Letters*)에서, 인간을 속이는 방법에 대해 조언을 하기 위해 악마 숭배자인 웜우드에게 편지를 쓰는 악마 스크루테이프를 상상한다.

전쟁은 악마의 전략에 큰 도움이 될 것으로 보이지만, 스크루테이프는 웜우드에게 전쟁에서 너무 많은 것을 기대해서는 안 된다고 지적한다.

그들은 상당한 잔인함을 바랄 수 있지만, 만약 조심하지 않는다면, 이렇게 될 것이라고 지적한다.

> 수천 명이 적(하나님)에게 돌아서는 것을 보게 될 것이다. … 그 정도로 변화되지 않는다 해도 수만 명의 사람이라도 자기 자신보다 더 높은 가치관과 원인에 관심을 돌리게 될 것이다.[9]

---

[9] C. S. Lewis, *Paved with Good Intentions* (New York: HarperCollins,

전시에 사람들은 일이 순조롭게 진행될 때 하지 않았던 죽음을 준비할 수도 있다는 말이다.

그러면서 악마는 이어 간다.

> 모든 인간이 우리가 훈련했듯이 죽어 가는 사람들에게 생명을 약속하고, 병이 모든 욕망의 만족에 대한 면죄부를 준다는 믿음을 부추기는 거짓말을 하는 의사들, 간호사들, 친구들에 둘러싸여 값비싼 요양원에서 죽는다면 우리에게 얼마나 더 좋은가. 심지어 우리 일꾼들이 자신의 직업이 무엇인지 안다면, 병자가 그의 현실을 인식하지 못하도록 성직자의 모든 제안을 듣지 못하게 해야 한다.[10]

루이스는 평화로운 시기에 "세속적인 만족"이 악마의 최고의 무기 중 하나라고 믿고 있다. 하지만 재난이 닥치면 이 무기는 쓸모가 없어진다. 그는 "전시에는 인간조차도 자신이 영원히 살 것이라고 믿지 않는다"라고 쓰고 있다.

이것이 우리가 자연 재해에 있어서 하나님의 모든 목적을 결코 알지 못하는 한 가지 이유다. 우리는 위기 상황에서 하나님을 진지하게 받아들일 수밖에 없는 수천, 어쩌면

2005), 24.
[10] Lewis, *Paved with Good Intentions*, 25.

수백 만의 영적으로 "만족하는" 사람들을 전혀 알지 못한다. 많은 생존자는 하나님을 향한 강퍅한 마음을 갖거나, 다른 생존자들은 회개하고 믿음으로 하나님께 의지한다.

이 재앙을 멀리서 보고 있는 우리에게도 하나님은 이렇게 말씀하신다.

> 너의 죽음을 준비하라 … 머지않아 곧 온다!

이 장을 쓰면서 나는 뉴올리언스에 있는 도시영향선교회(Urban Impact Ministries) 목사인 존 게르하르트(John Gerhardt) 목사와 허리케인 카트리나의 정신적 영향에 관한 이야기를 나누었다.

게르하르트 목사는 재난 후 오랫동안 뉴올리언스에서 가장 어려운 사람들 사이에서 재건 노력을 계속 도왔다. 그는 카트리나가 사람들이 현재 욕구를 채우는 데 마음을 열기도 했지만, 오늘에서 내일 그리고 내일에서 영원을 넘어서게 하기도 했다고 말한다.

그는 강풍과 물이 제방을 무너뜨렸을 뿐만 아니라 교회 간, 인종 간 그리고 경제적, 지리적 벽을 허물었다고 말한다. 오늘날 많은 사람이 도시 재건을 돕기 위해 함께 기도하고 함께 전략을 짜고 있다.

게르하르트 목사는 적십자사와 페마(FEMA)가 할 수 없는 일을 교회가 할 수 있다고 말했다. 신자들은 다른 사람들의 슬픔으로 들어가, 남겨진 사람들과 함께 기도할 수 있고, 절망적인 사람들과 친구가 될 수 있다. 그는 주일마다 신도들에게 하나님이 "보여 주시길" 바랄 뿐만 아니라 자신들 역시 "보여 주기"를 원한다고 말한다.

즉, 그들은 고통과 절망 속에서 그의 영광스러운 작품을 보고 싶어 한다. 멕시코만을 따라 많은 사람이 그리스도를 구세주로 믿게 되었고, 다른 사람들은 그들의 트라우마와 비관론에서 치유되고 있다. 게르하르트 목사는 재앙이 닥치면 하나님이 나타나신다고 말한다. 하지만 이제 우리는 더 어려운 주제로 관심을 돌려야 한다.

자연 재해는 하나님의 구체적인 심판인가?
하나님의 관점에서 그것을 어떻게 해석해야 할까?
하나님은 자비를 기억하시는가?

6. 토론을 위한 질문

(1) 구약 성경에서 하나님은 그분의 백성을 오늘날과 다르게 다루셨는가?
왜 그렇다고 생각하는가?
(2) 하나님이 당신에게 삶의 폭풍 속에서 어떤 특정한 교훈을 가르쳐 주셨나?
(3) 왜 하나님이 가끔 이 삶에서 정의로운 자와 정의롭지 못한 자를 똑같이 대하신다고 생각하는가?
(4) 만약 여러분이 한 달 안에 자연 재해로 죽으리라는 것을 안다면 여러분은 자신의 삶에서 어떤 변화를 일으킬 것인가?

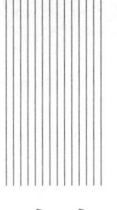

제4장

재난은 하나님의 심판?

레이 나긴(Ray Nagin) 시장은 2006년 허리케인 카트리나의 뉴올리언스 강타가 폭력과 정치적 내분으로 스스로 분열시킨 흑인 공동체와 미국에 대해 "하나님이 미국에 분노하셨다"는 징조라고 제안해 화제가 됐다.

> 확실히 하나님은 미국에 분노하고 계신다. 그분은 허리케인이 지나간 뒤 우리에게 또 허리케인을 보내셨고, 허리케인은 이 나라를 파괴하고 스트레스를 주고 있다.

흑인인 나긴은 마틴 루터 킹(Martin Luther King.)의 날에 다시 말했다.

> 분명히 하나님은 우리가 거짓으로 이라크에 있는 것을 인정하지 않으신다. 하지만 그분은 또한 흑인 미국에도 화가

나셨다. 우리는 자신을 스스로 돌보고 있지 않다.¹

시장이 뉴올리언스가 재건될 때, 흑인이 다수인 도시가 되어야 한다고 말했을 때 더 많은 눈살을 찌푸리게 했다.

인종적인 언급은 제쳐 두고, 카트리나 허리케인이 미국에 대한 하나님의 심판이라고 하는 것이 옳은가 그른가?

아니면 더 중요한 것은, 그가 부분적으로 옳은가 그른가?

무너진 실로암 탑에 대해 예수님이 다음과 같이 말씀하셨을 때로 돌아가자.

> 너희도 만일 회개하지 아니하면 다 이와 같이 망하리라(눅 13:3).

자연 재해는 아직 다가올 시대의 경고다. 분명히, 뉘우치지 않은 사람도 반드시 비슷한 재난에서 죽지는 않을 것이다. 그러나 그들은 자연 재해보다 더 무서운 심판, 경고도 없이 갑작스러운 심판으로 끌려갈 것이다.

이 생각을 주의 깊게 살펴보자. 자연 재해가 인종, 나이, 종교, 생활 습관을 고려하지 않고 무작정 일어난다고 해서 그들이 죄에 대한 심판과 다가오는 처벌의 예고편이 될 수

---

1 Brett Martel, "Angry God Sent Storms, Mayor of New Orleans Says", *Chicago Tribune* (January 17, 2006), sec. 1, 6.

없는 것은 아니다. 우리는 모두 실제 영화가 시작되기를 기다리는 동안 극장에서 예고편을 보고 있다. 자연 재해는 예고편이며, 더욱 엄중한 임박한 심판이 바로 코앞에 닥쳤다는 '앞선' 경고다.

나는 자연 재해가 무분별하게 일어나기 때문에 심판이 될 수 없다는 데니스 베렌트(Dennis Behrendt)의 "새로운 미국"(The New American)이라는 말에 동의하지 않는다.

그는 이렇게 썼다.

> 하나님을 외면하고 죄와 타락의 삶을 영위하며 다른 사람을 해치고 자신의 권리를 침해하는 많은 사람이 있다.
> 왜 하나님은 그냥 살인범, 강간범과 강도들을 처벌하지 않으시는가?
> 하나님은 분명히 경건한 삶을 살려는 자와 하나님과 사람을 똑같이 모욕하는 자를 구별하실 수 있을 것이다.[2]

물론, 하나님이 원하신다면, 그는 오직 악인에게만 자연 재해를 보내실 수 있었다. 그리고 우리는 자연의 격변이 사람들의 상대적 경건함이나 불경건함과는 상관없이 특정한

---

[2] Dennis Behrendt, "Why Does God Allow Calamities?" *The New American* (December 26, 2005), 32.

지리적 영역에 나타난다는 것을 알고 있다.

그러나 이것이 심판이 아니라는 것을 의미하지는 않는다. 의인은 불의한 자와 함께 이생에서 일시적인 형벌을 받을 수 있고 또 경험할 수 있다. 자연 재해는 모든 죽음과 파괴가 하나님의 심판이라는 명백한 이유로 심판이다.

그리스도께서 우리의 죄를 사하시려고 죽으셨지만, 그리스도인으로서 우리는 여전히 죄 때문에 죽을 것이다. 그리고 죽음은 죄에 대한 심판이다.

> 죄의 삯은 사망이요 하나님의 은사는 그리스도 예수 우리 주 안에 있는 영생이니라(롬 6:23).

예수님은 죽음의 가시를 제거하셨지만, 그래도 죽음은 우리에게 찾아올 것이다. 이렇게 생각해 보라. 온 땅이 저주를 받고 있고, 우리는 신앙인으로서 부패의 일부다. 분명히 경건한 사람들조차도 이 타락한 세상에서 비극과 심판의 희생자가 된다.

저주는 우리가 완전히 회복될 때까지는 완전히 풀리지 않는다!

하나님은 이미 자연에 존재하는 저주를 강화하시고 그로 인해 우리에게 자연 재해가 일어난다. 이런 식으로 보면, 우리는 수천 명의 사람이 질병, 사고, 다양한 종류의 비극으로 죽으면서 자연 재해가 매일 일어난다는 것을 깨닫는다.

자연 재해는 수많은 생명의 동시 사망과 믿을 수 없는 재산 파괴, 그리고 규모가 클 때만 우리의 관심을 끈다. 이러한 재난은 실제로 항상 일어나고 있는 일을 극적으로 가속하는 것에 불과하다.

1. 미국에 분노하신 하나님?

그래서 하나님은 미국에 대해 진노하셨는가?
우리는 종종 이와 같은 경고를 듣는다.
"회개하지 않으면 하나님이 미국을 심판하실 것이다!"
우리는 미국이 이미 심판을 받고 있다는 사실을 잊고 있다. 신명기에서 하나님은 유대인들에게 그들이 회개하지 않으면 일련의 심판을 겪게 되어 가족이 멸망될 것이라고 경고하셨다.

> 네 자녀를 다른 민족에게 빼앗기고 종일 생각하고 찾음으로 눈이 피곤하여지나 네 손에 힘이 없을 것이며(신 28:32).

사실, 자녀와 부모는 굶주릴 것이며 그들을 구할 방법이 없을 것이다(신 28:54-57 참조). 가족의 파괴는 하나님을 외면한 우리 국가에 대한 하나님의 심판 중 하나다. 부도덕, 음란물, 심지어 동성 결혼의 확산, 이 모든 것은 우리가 개인적 및 국가적 반란에 뛰어들면서 하나님의 손이 우리에게서 떠나가고 있다는 증거다.

그 결과 우리 아이들은 포식자, 가족 내 성적 학대, 자존심이 강하고 돌보지 않는 부모로부터 고통받고 있다. 모든 죄는 즉각적인 결과를 가져오지만, 그것이 쌓이면 미래에 여러 종류의 심판이 된다.

그래서 우리는 자연 재해가 심판이라고 말하는 것이 옳다. 그러나 우리가 이것을 넘어서서 그들이 오직 한 종교, 한 인종, 심지어는 특정한 종류의 죄인만을 목표로 한다고 착각한다. 그렇다. 태국과 스리랑카와 같은 쓰나미 피해국이 아동 착취로 인해 심판을 받았다는 것은 사실일 수 있다. 그러나 우리는 또한 방콕이 성 무역 산업의 중심지일 때 왜 살아남았는지 물어봐야 한다.

뉴올리언스는 라스베이거스보다 죄가 더 많은 도시였을까?

쓰나미와 카트리나가 특정 죄에 대한 표적 심판인지는 오직 하나님만이 확실히 아신다.

자연 재해는 하나님이 자신을 드러내시고 우리에게 악한 길에서 돌이켜 더 나은 세상을 준비하라고 간청하는 또 하나의 방법일 뿐이다.

이미 살펴본 바와 같이 이생에서 심판은 우리에게 우연한 것처럼 보인다. 때때로 우리가 예상하는 것과 달리, 악인은 의인을 죽이는 재앙을 피할 수 있을 것이다.

그러나 하나님은 그러한 재난에 다른 목적을 가지고 계신다. 그분의 목적은 죽은 사람들을 각자 개별적으로 공정한 영원한 심판을 위해 그분의 면전으로 데려가는 것이다. 일부는 그분의 면전으로 초대되고 다른 일부는 추방될 것이다.

> 그들은 영벌에, 의인들은 영생에 들어가리라 하시니라(마 25:46).

생존자들에 대한 그분의 목적은 삶의 불확실성과 죽음에 대비해야 하는 긴급함을 경고하는 것이다. 자원봉사자들은 고통받는 사람들에 대한 사랑과 보살핌을 보여 줄 기회가 주어진다.

어떤 사람들에게는 재난이 형벌이다. 그러나 다른 사람들에게는 회개와 하나님에 대한 새로운 헌신을 통해 정화가 이루어진다. 우리에게는 무작위로 보이지만, 의심할 여지 없이 전능자에게만 알려진 특정한 목적이 있다.

그래서 우리는 질문으로 돌아간다.

하나님은 미국에 분노하셨는가?

그분의 정당한 진노는 그분의 말씀을 인정하지 않는 모든 사람을 향하고 있다.

> 하나님의 진노가 불의로 진리를 막는 사람들의 모든 경건하지 않음과 불의에 대하여 하늘로부터 나타나나니(롬 1:18).

그러나 다른 한편으로 그분은 예수 그리스도 안에서 발견되는 그분의 자비에 응답하는 사람들에게는 은혜다.

> 그러면 이제 우리가 그의 피로 말미암아 의롭다 하심을 받았으니 더욱 그로 말미암아 진노하심에서 구원을 받을 것이니(롬 5:9).

국가적 심판이 있지만 결국 하나님의 초점은 개인에게 맞춰진다. 그리스도의 은혜의 보호 아래 있는 사람들은 특히 사랑받고 받아들여지고, 그분의 자비를 외면하는 사람들은 지금 또는 나중에 심판의 대상이 된다. 물론 좋은 소식은 이 책을 읽는 모든 사람에게 하나님의 과분한 은혜를 누릴 놀라운 기회가 있다는 것이다.

> 너희는 그 은혜에 의하여 믿음으로 말미암아 구원을 받았으니 이것은 너희에게서 난 것이 아니요 하나님의 선물이라. 행위에서 난 것이 아니니 이는 누구든지 자랑하지 못하게 함이라(엡 2:8-9).

하나님은 미국을 볼 때 그분의 진노 아래 있는 사람들과 그분의 특별한 은혜의 대상인 사람들을 보신다. 그렇다. 온

민족이 하나님에게서 돌아서는 것처럼 보이고 국가가 심판을 받을 때가 왔다.

그러나 하늘에 계신 우리 아버지를 기쁘시게 하는 삶을 사는 참된 신자들도 있다. 그러한 모든 문제가 밝혀지기 위해 우리가 영원을 기다려야 한다는 것은 놀라운 일이 아니다.

2. 재난과 종말

자연은 하나님의 은혜로운 속성뿐만 아니라 분노와 정의의 속성도 반영한다. 분별력 있는 젊은 신학자인 엘리후는 욥기에서 하나님에 대해 이렇게 말한다.

> 눈을 명하여 땅에 내리라 하시며 적은 비와 큰 비도 내리게 명하시느니라 … 하나님의 입김이 얼음을 얼게 하고 물의 너비를 줄어들게 하느니라 또한 그는 구름에 습기를 실으시고 그의 번개로 구름을 흩어지게 하시느니라 그는 감싸고 도시며 그들의 할 일을 조종하시느니라 그는 땅과 육지 표면에 있는 모든 자들에게 명령하시느니라 혹은 징계를 위하여 혹은 땅을 위하여 혹은 긍휼을 위하여 그가 이런 일을 생기게 하시느니라(욥 37:6, 10-13).

그분은 구름을 가져와 사람을 벌하시거나 땅에 물을 주시고 사랑을 나타내신다. 우리는 하나님이 자연의 긍정적인 면, 즉 햇살, 잔잔한 물의 저항할 수 없는 유혹, 별이 빛나는 하늘만을 통제하신다고 생각하고 싶다.

그러나 우리가 배운 것처럼 하나님은 자연 전체를 책임지고 계신다. 자연의 축복에서 하나님의 선하심이 보인다면 하나님의 심판은 자연의 '저주'에서 보인다. 어느 쪽이든 자연은 우리에게 교훈을 주며 우리가 하나님을 더 잘 이해하도록 도와준다.

별이 빛나는 하늘은 하나님의 영광을 나타낸다. 잔잔한 바람과 햇빛은 우리에게 하나님의 자비를 상기시킨다. 자연의 격변은 하나님의 심판을 보여 준다. 햇빛이 천국의 아름다움을 연상케 한다면 허리케인은 지옥의 고통을 연상케 한다.

> 그러므로 하나님의 인자하심과 준엄하심을 보라 넘어지는 자들에게는 준엄하심이 있으니 너희가 만일 하나님의 인자하심에 머물러 있으면 그 인자가 너희에게 있으리라 그렇지 않으면 너도 찍히는 바 되리라 (롬 11:22).

우리는 자연이 친절하고 엄격하다는 사실에 놀라지 말아야 한다. 예수님은 마지막 때의 재난이 시대의 끝을 알리는 표징임을 확인하셨다.

> 민족이 민족을 나라가 나라를 대적하여 일어나겠고 곳곳에 기근과 지진이 있으리니 이 모든 것은 재난의 시작이니라(마 24:7-8).

흥미롭게도 지구상의 지진 수는 수 세기에 걸쳐 증가했으며 그 수는 매년 증가하고 있다. 강력한 지진들만이 머리 기사를 장식한다.

당신이 그것들을 어떻게 분류하느냐에 따라, 적어도 세 가지 어쩌면 네 가지 정도의 자연 재해가 예수님이 지상으로 돌아오실 때 함께할 것이다.

> 번개가 동편에서 나서 서편까지 번쩍임 같이 인자의 임함도 그러하리라 주검이 있는 곳에는 독수리들이 모일 것이니라 그 날 환난 후에 즉시 해가 어두워지며 달이 빛을 내지 아니하며 별들이 하늘에서 떨어지며 하늘의 권능들이 흔들리리라 그 때에 인자의 징조가 하늘에서 보이겠고 그 때에 땅의 모든 족속들이 통곡하며 그들이 인자가 구름을 타고 능력과 큰 영광으로 오는 것을 보리라(마 24:27-30).

우리는 언제 어떻게 종말이 올지 알고 있다고 너무 성급하게 생각하지 말자.

2005년, 「뉴욕타임스」(New York Times)의 "최후 심판의 날: 마지막이 아닌 최종 말씀"(Doomsday: The Latest Word If Not the Last)이라는 기사 제목은 기독교인들이 세계의 종말에 대해 얼마나 빨리 결론을 내리는지 보여 주는 몇 가지 예를 제시했다.[3]

1967년 이스라엘군이 예루살렘 구시가지를 점령하고, 이후 이츠하크 라빈이 야세르 아라파트 수반과 평화협정을 맺을 때 우리는 이 소식을 들었다.

그리고 이제 우리는 다시 세계의 종말이 가까워졌다는 소식을 듣게 된다. 자연 재해의 수가 점점 더 늘어나기 때문이다. 나는 서재에 『다시 온 최후의 날』(*The Last Days Are Here Again*)이라는 책을 가지고 있다.

의심할 여지 없이 많은 사람이 그 멸망을 예측했음에도 불구하고 이 행성에서 생명의 중단은 아직 일어나지 않았다.

그러나 자연의 격변은 결국 하나님의 주권적 심판의 일부가 될 것을 인식하는 것이 중요하다. 이 미래의 '자연 재해'를 생각해 보라.

이 영화는 예고편을 따르는 실제 영화다.

---

[3] Michael Luo, "Doomsday: The Latest Word If Not the Last", *New York Times* (October 16, 2005).

> 내가 보니 여섯째 인을 떼실 때에 큰 지진이 나며 해가 검은 털로 짠 상복 같이 검어지고 달은 온통 피 같이 되며 하늘의 별들이 무화과나무가 대풍에 흔들려 설익은 열매가 떨어지는 것 같이 땅에 떨어지며 하늘은 두루마리가 말리는 것 같이 떠나가고 각 산과 섬이 제 자리에서 옮겨지매 땅의 임금들과 왕족들과 장군들과 부자들과 강한 자들과 모든 종과 자유인이 굴과 산들의 바위 틈에 숨어 산들과 바위에게 말하되 우리 위에 떨어져 보좌에 앉으신 이의 얼굴에서와 그 어린 양의 진노에서 우리를 가리라 그들의 진노의 큰 날이 이르렀으니 누가 능히 서리요 하더라(계 6:12-17).

나는 「월드 매거진」(*World Magazine*)에 이 글을 쓴 독자의 말에 동의한다.

> 우리는 카트리나로 피해를 본 사람들에게 많은 빚을 지고 있다. 그들은 우리가 회개하지 않으면 우리도 마찬가지로 멸망할 것이라는 경고로서 하나님의 진노를 조금 맛보게 했다.[4]

자유 신학의 하나님, 자신의 능력을 최대한 발휘하여 창조의 행복을 추구하는 신, 우리의 죄를 심판하거나 죄인을 지옥에 내몰지 않는 신, 그런 하나님은 성경에 존재하지 않

---

4   "Letters to the Editor" *World Magazine* (September–October 2005).

는다. 이 길들여진 신은 세계의 자연 재해와 모순된다.

하나님은 인간의 고통을 즐기는 것이 아니라, 진리와 정의의 승리 그리고 그의 숨겨진 목적이 완성되는 것을 기뻐하신다.

3. 탈출로

좋은 소식은 다음과 같다. 우리는 회개로 다가오는 심판을 면한다.

"회개하지 않으면 멸망한다."

이 책에서는 하나님의 목적을 자세히 읽으려 할 때의 위험성에 대해 충분히 이야기하였다.

그러므로 만일 우리가 많은 그리스도인 또한 이러한 재앙 속에서 죽는다는 것을 유념한다면, 바이런 파울루스(Byron Paulus)의 말은 여전히 우리에게 유익하다. 그는 미국에 대한 하나님의 말씀이 회개하라는 것이라고 지적한다.

> 최근 재난이 다양한 장소에서 나타나는 상징성은 무시할 수 없을 만큼 분명하다. 먼저 테러리스트들은 우리의 물질주의 문화의 국가적 상징을 공격했다. 작년에 허리케인으로 인해 플로리다 해안을 따라 국가 휴양지의 주요 중심지

가 손상을 입었다. 그리고 이제 카트리나는 도박, 복지, 범죄뿐만 아니라 성적인 변태로 널리 알려진 지역을 목표로 삼았다. 리타는 우리의 의존성이 큰 석유 및 가스 생산 시설을 공격했다.

카트리나라는 이름이 '순결함'을 의미하는 것은 우연일까? 하나님이 우리의 관심을 끌려고 하시는 걸까?[5]

4. 우리의 주의를 끄시는 하나님?

흥미롭게도 허리케인 카트리나 재앙 며칠 후, 루이지애나 주지사 캐슬린 블랑코(Kathleen Blanco)는 주 전체 기도의 날을 요청했다.

> 우리는 카트리나로 겪은 참화에 직면하여 도움이 필요한 사람들을 찾고, 고통 속에 있는 사람들을 위로하고, 우리는 재건이라는 긴 임무를 시작하고 힘과 희망과 위로를 얻기 위해 하나님께 의지한다.

---

5 Byron Paulus, *Revival Report*, Life Action Ministries (Fall 2005), 2.

그리고 뉴올리언스 시의회 의장 올리버 토마스(Oliver Thomas)는 소돔과 고모라에 비교되는 끔찍한 파괴를 직접 본 후 "아마 하나님이 우리를 정화하실 것"[6] 이라고 말했다.

> 하나님은 인간의 고통을 기뻐하지 않으시지만, 진리와 정의의 승리와 숨겨진 목적의 완성을 기뻐하신다.

뉴올리언스는 경쟁자가 거의 없는 범죄의 도시로 알려졌다는 데는 의심의 여지가 없다.

그 주말에 예정된 뉴올리언스의 "남부 퇴폐" 축제인 마디그라(Mardi Gras, 사순절의 첫날인 재의 수요일 전날 광란의 화요일 축제)는 프랑스 관광 사이트에 의해 "동성애자 버전과 같은 종류"로 묘사되었는데, 이는 "가장 유명한"(또는 악명 높은) 성적 타락을 공개적으로 보여 주는 이벤트이다.

이 도시는 미국에서 가장 높은 살인율과 가장 부패한 경찰력을 보유하고 있을 뿐만 아니라 광범위한 신비주의 관행, 특히 부두교로도 유명하다. 미셸 브라운(Michael Brown)이 썼듯이 "어둠의 기운을 뿜어내면 폭풍이 몰아친다."[7]

---

[6] "New Orleans City Council President: 'Maybe God's Going To Cleanse Us'", LifeSiteNews.com (September, 1, 2005).
[7] http://www.spiritdaily.org/New-world-order/neworleans.htm; last accessed 5/2/06.

나긴 시장이 미국에 대해 하나님이 진노하시는 원인으로 인종 분열과 이라크 전쟁을 언급했지만, 마디그라와 도시에 퍼져 있는 신비주의에 대해서는 언급하지 않았다는 것이 흥미롭다.

사실 마디그라와 함께하는 방탕은 이미 복구된 도시의 상징으로 뉴올리언스로 돌아왔다. 카트리나가 하나님의 심판이라고 말했을 때는 시장이 옳았지만, 내 생각에는 그에 대한 하나님의 진노 원인을 해석하는 데는 다소 틀린 부분이 있다고 생각한다. 하나님이 우리가 화를 내는 것과 같은 것에 대해서만 화를 내신다고 말하는 것에 조심해야 한다.

하나님은 라스베이거스보다 더 죄 많은 뉴올리언스를 표적으로 삼지 않았을 수도 있지만, 미국과 전 세계를 위한 실물 교훈으로 뉴올리언스를 선택하신 것은 의심의 여지가 없다. 올리버 토마스 평의회 의장이 옳았다. 하나님은 의심할 여지 없이 미국 전체를 깨끗하게 하시기를 원하신다.

그분은 부도덕이든 탐욕이든 이기심이든 가장 중요한 것이든 간에, 그분의 아들이 우리에게 가져오신 복음을 소홀히 했기 때문에 우리의 모든 죄에서 돌이킬 것을 요구하고 계신다.

그분은 우리가 방종에서 용서와 희망의 근원이신 그분을 믿는 신앙으로 돌아가기를 바라신다. 뉴올리언스의 빌 샹크스(Bill Shanks) 목사는 카트리나 이후에 이렇게 말했다.

> 뉴올리언스에서 이제 낙태가 무료다. 뉴올리언스에서 마디그라가 자유다. 뉴올리언스에서 이제 남부의 타락과 소돔, 주술사, 거짓 종교가 자유롭다.[8]

그의 말이 맞을지도 모르지만, 물론 우리는 주민들이 돌아오면 죄를 다시 가지고 오리라는 것을 알고 있다. 변화를 위한 결심은 익숙한 죄악에 자리를 내줄 것 같다.

그렇다. 복구된 뉴올리언스의 시민들이 회개한다면 멋질 것이다. 그러나 우리는 신자로서 그 길로 인도해야 한다는 것을 안다. 베드로는 이렇게 썼다.

> 하나님의 집에서 심판을 시작할 때가 되었나니 만일 우리에게 먼저 하면 하나님의 복음에 순종하지 않은 자들의 그 마지막은 어떠하며 또 의인이 겨우 구원을 받으면 경건하지 아니한 자와 죄인은 어디에 서리요(벧전 4:17-18).

하나님은 외치고 계시지만 우리는 듣지 않는다. 자비는 모든 현세적 심판 행위에 포함된다. 1741년 허리케인 이후 기도회를 조직한 스코틀랜드의 형제자매들로부터 한 페이

---

8 As quoted in *AgapePress*, "God's Mercy Evident in Katrina's Wake"(September 2, 2005).

지를 가져와야 한다. 한 교회에서 시작된 것이 다른 교회로 퍼졌고 곧 교회는 기도하는 사람들로 가득하였다. 그리고 필요한 시기에 그들을 도와주시라고 하나님께 간구하였다.

> 사람들은 그들 사이에서 시작된 일이 확장되게 해 달라고 하나님께 간청했다.[9]

우리도 그렇게 하기 위해서 무엇이 필요할까?

5. 구출 또는 실종

자연 재해는 인류를 죽은 사람과 산 사람으로 나눈다. 죽은 사람은 회개할 기회도 없고, 생명과 구속에 대한 두 번째 기회도 없다. 산 사람들에게는 회개의 기회가 아직 가까이 있다.

> 한 번 죽는 것은 사람에게 정해진 것이요 그 후에는 심판이 있으리니 이와 같이 그리스도도 많은 사람의 죄를 담당하시려고 단번에 드리신 바 되셨고 구원에 이르게 하기 위하여 죄와 상관 없이 자기를 바라는 자들에게 두 번째 나타나시리라(히 9:27-28).

---

9 Paulus, *Revival Report*, 3.

타이태닉호가 침몰했을 때 1,516명이 고의로 물의 무덤으로 갔다. 우리가 그 배의 침몰 원인을 일련의 인간의 실수로 돌린다고 하더라도, 하나님은 인간의 의지를 침해하지 않고 침몰하지 않도록 가장 확실하게 막을 수 있으셨다. 이것은 생각할 수 없는 비극을 허락하시는 하나님이 두려워할 분이라는 것을 상기시켜 준다.

타이태닉의 비극에 대한 소식이 전 세계에 전해지자 친척들에게 사랑하는 사람의 생존 여부를 알리는 방법이 문제였다. 영국 리버풀에 있는 선사 화이트스타라인(White Star Line)의 사무실에는 커다란 게시판이 설치되었다.

한쪽에는 카드보드 표지판이 있었다. 카드보드 표지판에는 "구출된 것으로 알려짐", 다른 쪽에는 "잃어버린 것으로 알려짐"이라는 문구가 적힌 골판지 표지판이 있다.

수백 명의 사람이 모여 새로운 정보를 열심히 보았다. 소식통이 새로운 정보를 가져왔을 때 기다리는 사람들은 그가 어느 편으로 가고 누구의 이름이 목록에 추가될지 궁금해하며 숨을 죽였다.

타이태닉호의 여행자는 일등석, 이등석, 삼등석 승객이었지만 배가 침몰한 후에는 구출된 사람과 익사한 사람의 두 가지 범주만 있었다.

우리는 사람들을 지리, 인종, 교육 및 부에 따라 여러 등급으로 나눌 수 있다. 그러나 마지막 심판의 날에는 구원받은 사람과 잃어버린 사람, 두 가지 등급만 있을 것이다. 천국과 지옥만 있다.

아마도 천국에서 어머니는 아들이 진주 문 뒤에 안전하게 도착할 수 있을지 궁금해할 것이다. 아내는 남편을 기다릴 것이고 부모는 자녀를 기다릴 것이다.

오늘은 은혜의 날이며, 살아 있는 사람들이 회개하기를 기다리는 날이다. 하나님은 하늘에서 외치신다.

"회개하지 않으면 멸망할 것이다."

6. 토론을 위한 질문

(1) "자연 재해는 하나님의 심판"이라는 말을 주제로 토론한다. 가능한 한 이 문구에 대한 일반적인 오해를 정리해 보자.
(2) 레이 나긴의 질문 "하나님은 미국에 분노하셨는가"에 어떻게 답해야 할까?
(3) 자연 재해의 여파에서 기독교인의 역할은 무엇인가?
(4) 자연 재해를 '미래의 미리 보기'로 보는 것을 어떻게 생각하는가?
(5) 우리가 국가적으로 우리의 죄를 회개한다면 미국은 어떤 모습일까?

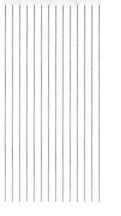

제5장

여전히 하나님을 믿음

전쟁, 빈곤, 자연 재해, 끔찍한 불의가 지구상에 존재한다.

우리는 언제라도 그러한 고통을 끝내실 수 있는 주권적 하나님을 믿을 수 있을까?
수 세기에 걸쳐 전 세계를 강타한 재앙을 막을 수 있었던 하나님?
히틀러가 어렸을 때 어머니 품에 안겨 죽도록 하실 수 있는 하나님?

지적 대답(진정한 대답일지라도)은 결코 인간의 마음을 만족시키지 못한다. 하나님의 영원하고 초월적인 목적을 떠올리면 슬픔이 사라지지 않는다.
그러나 전도서에서 우리에게 말씀하셨듯이 하나님이 "우리 마음에 영원"을 두셨기 때문에 답을 구하도록 격려받고 있다.

1. 무신론의 종말

먼저 한 가지 점을 명확히 해야 한다. 무신론자(또는 자연주의자)는 비극이 닥칠 때 하나님이 어디에 계신지 우리에게 물을 권리가 없다. 전지전능하고 사랑이 풍성한 신이 존재한다면 악과 고통을 없앨 것이라는 주장을 자주 들었다.

끔찍한 고통 때문에 무신론자는 하나님이 약하거나 모르거나 가학적이라고 한다. 그런 신은 우리의 존경심을 유발하지 않기 때문에 무신론이 더 매력적인 대안인 것 같다.

따라서 무신론자들은 수백만 명의 사람이 비참함을 견뎌내는 것을 보고 비꼬는 목소리로 이런 질문을 한다.

"쓰나미가 일어났을 때 하나님은 어디에 계셨습니까?"

그리고 그들은 누구에게도 대답하기를 거부한다.

무신론자들의 질문은 불법적이고 비합리적이다. 그러나 그들의 질문은 하나님의 존재를 가정하는 것이다. 창조주 하나님이 계시지않는다면, 우리가 무작위로 튀어나온 원자들의 복잡한 조합일 뿐이라면, 선과 악 또는 더 좋고 최선이라는 생각 자체가 존재할 수 없다. 결국, 무신론자들은 원자가 우연한 패턴에 따라 맹목적으로 배열되었다고 믿는다.

무신론자/자연주의자가 이 재난 속에서 신은 어디에 있었느냐고 묻는다면, 그는 신이 존재해야만 존재할 수 있는 도덕적 틀을 가정하고 있어야 한다.

제5장 여전히 하나님을 믿음 133

무신론적 전제를 바탕으로 하면 영혼이나 마음과 같은 영적 실체는 있을 수 없으며 물리적 입자의 패턴만 있을 수 있다.

자연주의자들은 물질이 생각할 수 있고 어떤 배열이 좋은지 나쁜지에 대해 질문을 할 수 있다는 것을 유지해야 하는 불행한 처지에 있다. 분명히 선악에 대한 개념은 원시 진흙에 존재하는 원자에서 발생할 수 없다. 신중하게 고려할 때 무신론은 합리성에 어긋나며 인간 영혼의 가장 깊은 갈망을 무시한다.

루이스가 우리 모두에게 존재하는 도덕법칙은 오직 하나님만이 설명할 수 있다고 주장할 때도 마찬가지다. 그는 무신론적 시대에 우주가 너무나 잔인하고 불공평해 보였기 때문에 하나님을 반대했다고 한다.

그런 다음 그는 정의에 대한 자기 생각이 자신을 초월하는 표준을 전제로 한다는 것을 깨달았다. 그는 이어서 말했다.

> 물론 나는 정의에 관한 생각을 나 자신의 사적 생각에 불과하다고 말함으로써 포기할 수 있었다. 그러나 내가 그렇게 한다면, 하나님께 대항하는 나의 주장도 무너진다. 논쟁이 단순히 내 공상을 만족하더라도, 그것은 세상이 정말 불공평하다는 말에 좌우되기 때문이다. 따라서 하나님이 존재하지 않으신다는 것을 증명하려는 바로 그 행동(다시

> 말해서 현실 전체가 무의미하다는 것)에서 나는 현실의 한 부분, 즉 정의에 대한 내 생각들이 의식으로 가득 차 있다고 생각할 수밖에 없다는 것을 알았다.[1]

루이스는 계속해서 우주가 하나님의 영광을 나타내지만 그 자체보다 오히려 도덕률이 하나님을 더 잘 나타낸다고 주장한다. 그는 우리가 선과 악에 대해 가지고 있는 직관적 지식이 자연보다 하나님에 관해 더 많이 말해 준다고 지적한다.

> 당신은 어떤 사람을 알기 위해 그가 지은 집을 보는 것보다 그 집을 지은 사람과 대화를 통해 더 많은 것을 알 수 있듯이 전반적으로 우주에서보다 도덕률에서 하나님에 대해 더 많이 알게 된다.[2]

무신론적 세계에서는 악이 결코 더 높은 목적을 행할 수 없으며, 악은 결코 숭고한 목적으로 이어질 수 없으므로 고통은 결코 만회될 수 없다. 세상을 더 나은 곳으로 만들기 위해 주변에 머물러 있는 것은 의미가 없으므로 자살은 매력적일 것이다. 더군다나 무신론적인 세계에서는 세상의

---

[1] C. S. Lewis, *Mere Christianity* (New York: HarperCollins, 1952), 38.
[2] Lewis, *Mere Christianity*, 29.

불의가 무의미한 여정을 헛되이 계속하게 될 것이다.

무신론자이기도 한 나의 유대인 친구는 히틀러가 자신이 한 일에 대해 절대로 심판받지 않으리라는 것을 알고 약간의 심적 불안감을 느꼈다고 인정했다.

그에게는 역사를 바로잡기 위한 최후 심판이 있으라는 희망이 없다. 그는 영원 없이는 시간(시대)의 사건을 결코 구속하거나 바로잡을 수 없다는 것을 유감스럽게 인정했다.

무신론은 마음도 정신도 만족하지 못한다. 그러나 무신론자들은 한 가지 이유로 선과 악에 대해 질문한다. 그들 또한 하나님의 형상으로 창조되었으며 생각할 수 있는 영혼을 가지고 있다.

라비 재커라이어스(Ravi Zacharias)는 이렇게 말했다.

> 상대주의자는 하나님이 죽었다고 말할 수 있지만, 이럴 때 그의 영혼의 질문은 그가 하나님을 완전히 죽일 수 없다는 것을 드러낸다.[3]

"오 카트리나여, 우리에게 자비를 베푸소서!"

---

3 Ravi Zacharias, "The Silence of Christmas and the Scream of the Tsunami", *Just Thinking* (Winter 2005), 1.

허리케인이 닥치기 전에 뉴올리언스에서 읽은 표지판이다. 위기 속에서 살아 계신 하나님께로 향하지 않으면 자연의 비인격적인 신으로 향하거나 우리 마음속에 다른 신을 만들어 낼 것이다. 무신론은 사려 깊은 인간의 마음속에 오래 머무를 수 없다.

2. 지적 답변

그래서 우리는 이 질문으로 돌아간다.

만약 하나님이 전지전능하시다면, 또한 그분은 선한 분이신가?

그분은 우리의 신뢰를 받을 자격이 있으신가?

우리가 "예"라고 대답하고 그렇게 하기를 바라는 경우, 우리는 자연이나 인간에 의해 야기된 재난을 하나님이 허용(또는 지시)하실 도덕적으로 충분한 이유가 있음을 확인해야 한다.

이러한 재난이 더 높은 목적이 없다면, 전능자는 맹목적으로 비극적인 사건을 최대한 활용하지만, 우리는 그의 전체적인 계획 역시 확신하지 못할 것이다.

캔터베리 대주교인 로완 윌리엄스(Rowan Williams)는 다음과 같이 하나님의 권능을 부인하는 글을 썼다.

> 하나님의 권능이나 통제의 본질 또는 사후 세계에 대한 믿음의 위로 등에 대해 허황된 말이 쏟아져 나온다. … 모든 무작위적이고 우연한 죽음 … 위로와 준비된 답변으로 묶인 믿음을 전복시켜야 한다.[4]

나는 이 대주교와는 달리 하나님의 권능과 통제에 대해 말해야 한다고 믿고 내세의 확신으로 위로받는다. 이 대주교와는 반대로 하나님의 권능과 통제에 대해 말해야 한다고 믿고 사후 세계에 대한 확신으로 자신을 위로해야 한다.

비록 나는 우리가 "준비된 답변"에 대해 주의해야 한다는 데 동의하지만, 또한 모든 무작위적이고 우발적인 죽음으로 인해 우리의 믿음이 뒤틀려서는 안 된다고 믿는다.

앞서 논의했던 점을 강조해야겠다. 자연 재해가 하나님의 통제에서 벗어나면 우리의 삶과 미래는 하나님의 통제에서 벗어나는 것이다.

현대 자유주의의 약한 신은 그것을 찾는 사람들을 위로할 수 없다. 이 시점에서 우리는 첫 장에서 제기한 질문으로 돌아가야 한다.

이것이 가능한 모든 세계 중에서 최고인가?

---

[4] As quoted in the editorial, "Tsunamis and Birth Pangs", *Christianity Today* (February 2005), 28.

철학자 라이프니츠는 선하신 하나님은 가능한 모든 세계 중에서 가장 좋은 것을 택하실 것이라고 말했다.

그런데 왜 그분은 이 세상에 고통과 절망을 주기로 하셨을까?

이것이 정말로 가능한 모든 세계에서 최고일 수 있는가?

좁은 렌즈를 통해 볼 때 이것이 모든 가능한 세계 중 최고는 아니다. 그러나 우리가 모든 것을 하나님의 관점에서 본다면, 하나님의 목적과 그분의 영광의 궁극적인 목적을 볼 수 있다면, 그분의 계획이 옳고 선하다는 데 동의해야 할 것이다.

이것은 가능한 모든 세계 중에서 최고는 아니지만, 모든 건축가 중 최고이신 하나님은 영원의 관점에서 가능한 모든 청사진 중에서 최고를 선택하셨다. 이것은 하나님이 악을 기뻐하신다는 의미가 아니라, 어떻게 현명하고 선한 목적을 위해 사용하는지 기뻐하신다는 뜻이다.

하나님의 능력이 우리에게 24시간 동안 주어진다면 어떻게 할까?

물론 우리는 모든 유형의 빈곤, 전쟁 및 재난에서 세상을 구하겠다고 대답한다. 우리는 모든 형태의 악을 종식하고 모두를 위한 낙원을 만들 것이다.

만약 가능하다면 말이다!

그러나 만약 우리에게 하나님의 지혜가 주어진다면, 나는 우리를 있는 그대로 남겨 둘 것이라고 확신한다!

우리의 현명하고 전능한 하늘에 계신 아버지에게는 모든 것을 이해할 수 있는 숨겨진 의제가 있다. 진노 안에 의미가 있다.[5]

그러나 이것은 중요하다. 자연 재해를 통한 하나님의 궁극적이고 숨겨진 목적이 무엇인지 궁금하다면, 우리는 그분이 자신의 영광을 추구하는 데 있어서 가차 없다고밖에 말할 수 없다(렘 13:11; 살후 1:9-10 참조). 앞서 하나님이 우리에게 하나님의 의지에 대한 통찰을 허락하신다는 것을 인정했지만, 우리는 영원한 목적을 엿볼 뿐이라는 것을 겸손히 고백한다.

> 여호와의 말씀이니라 띠가 사람의 허리에 속함 같이 내가 이스라엘 온 집과 유다 온 집으로 내게 속하게 하여 그들로 내 백성이 되게 하며 내 이름과 명예와 영광이 되게 하려 하였으나 그들이 듣지 아니하였느니라(렘 13:11).

> 이런 자들은 주의 얼굴과 그의 힘의 영광을 떠나 영원한 멸망의 형벌을 받으리로다 그 날에 그가 강림하사 그의 성도들에게서 영광을 받으시고 모든 믿는 자들에게서 놀랍게 여김을 얻으시리니 이는(우리의 증거가 너희에게 믿어졌음이라)(살후 1:9-10).

---

5 I'm indebted to J. M. Monsabre for this idea, as quoted in 12,000 *Religious Quotations*, Frank Mead, ed. (Grand Rapids: Baker Book House, 1989), 179.

수년간 이 세상의 고통을 하나님의 자비와 조화시키는 문제를 연구한 끝에 나는 회의론자의 마음은 물론 우리 마음을 완전히 만족하게 할 해결책은 없다고 결론지었다.

하나님의 방법은 '과거의 발견'이다. 그분은 단순히 퍼즐의 모든 조각이 공개되도록 선택하지 않으셨다. 하나님은 우리가 인정하는 것보다 훨씬 더 이해하기 어렵다. 모든 신학 소론들이 쓰이고, 모든 토론자가 토론을 마친 후에도 우리는 여전히 이해하지 못한다. 우리는 이 위대한 신비에 감탄할 수밖에 없다. 존 스택하우스(John Stackhouse)는 다음과 같이 썼다.

> 예정의 하나님, 전 세계 섭리의 하나님, 모든 것을 창조하시고 유지하시고 궁극적으로 모든 것에 대한 책임을 지시는 하나님, 하나님은 우리에게 신성한 우주 계획을 살짝 보여 주셨다. 하나님은 우리가 고통의 의미, 격노의 방법을 포괄적인 방법으로 보지 못하도록 하셨다. 그 대신 하나님은 신비 속에 숨어 계시기로 하셨다.[6]

그렇다. 하나님은 신비로 남기로 하셨다. 1세기 신학자인 오리겐(Origen)은 그의 저서 『제1 원리』(*On First Principles*)에서

---

6 John Stackhouse, *Can God Be Trusted?—Faith and the Challenge of Evil* (New York: Oxford University Press, 1988), 103.

바울이 하나님의 심판은 "헤아릴 수 없고", 그분의 방식은 "불가해한 것이다"라고 썼을 때 의미하는 바를 설명했다.

다음 글들을 읽어 보자.

> 바울은 하나님의 심판은 찾아내기 힘들다고 했지만, 전혀 찾아낼 수 없다고 말하지 않았다. 그는 하나님의 길을 찾기가 어렵다고 했지만 불가능하다고 말하지 않았다. 아무리 깊이 탐색하고 점점 더 진지한 연구를 통해 진전을 이룬다고 하더라도, 하나님의 은혜로 마음에 도움을 받아 깨달을지라도 그는 탐구의 최종 목표에 도달할 수 없을 것이다.[7]

그러나 나는 그러한 목적이 존재한다고 믿기 위해 우리가 전능자의 숨겨진 목적을 반드시 이해할 필요는 없다고 굳게 믿는다. 나는 또한 언젠가 우리가 이해할 수 있는 능력을 갖추게 될 것이라고 믿는다.

> 우리가 지금은 거울로 보는 것 같이 희미하나 그 때에는 얼굴과 얼굴을 대하여 볼 것이요 지금은 내가 부분적으로 아나 그 때에는 주께서 나를 아신 것 같이 내가 온전히 알리라(고전 13:12).

---

[7] Origen, *On First Principles* (New York: Harper and Row, 1966).

우리는 지금 어지러운 무늬의 양탄자 바닥을 본다. 오직 하나님만이 위에서 패턴을 보신다. 신약성경은 현실적으로 이 세상의 고통과 악에 마주하고 있지만, 미래에는 우리가 과거를 이해할 것이라고 확신을 제공한다.

> 생각하건대 현재의 고난은 장차 우리에게 나타날 영광과 비교할 수 없도다(롬 8:18).

미래에는 보이지 않는 것이 보이는 것에 의미를 부여할 것이다. 영원은 시간에 일어난 일을 해석할 것이다. 한편 우리는 설명이 아니라 약속에 따라 산다.

3. 개인적 답변

영원은 우리가 설명이 아니라 약속에 따라 살았던 시기, 시간(시대)에 일어난 일을 해석할 것이다.

하나님의 길을 전혀 모를 때 우리는 어디로 가야 할까?

마틴 루터는 하나님의 길의 신비를 심사숙고하면서 우리에게 "숨은 하나님을 버리고 그리스도께 달려가라"고 촉구했다. 물론 "숨은 하나님"과 성육신하신 하나님은 한 분이고 같은 분이며, 우리가 누구를 선택해야 할지를 구분하지 않는다.

그러나 스택하우스가 지적했듯이, 루터의 조언이 효과가 있는 것은 두 분(아버지와 아들)이 하나이기 때문이다. 그는 이렇게 말했다.

> 하나님은 자신을 너무 적게 드러내셨기 때문에 우리는 충분히 알 수 없는 하나님의 섭리의 신비로움에서 벗어나, 하나님을 충분히 드러내신 예수 그리스도를 향해 달려가야 한다.[8]

예수님은 자신의 말씀에서 그분이 우리를 위해 계시며, 그 어떤 것도 그분의 사랑으로부터 우리를 갈라놓지 않을 것이라고 확언하셨다.

세상을 보면 하나님이 우리를 사랑하시고 우리를 아끼신다는 것을 믿기 어려울지도 모른다. 적어도 우리는 하나님의 속성이 모호하고, 때로는 자상하며, 때로는 무관심하고 냉담하다고 주장할 수 있다.

자연에 관한 연구를 바탕으로 하나님이 우리의 말년에 우리를 벌하실 것인지, 용서하실 것인지 알 수 없을 것이다.

또한, 철학의 역사를 읽는다 해도 관찰과 경험에 근거하여 하나님에 대한 어떤 일관성 있는 사상도 형성할 수 없다

---

8 Stackhouse, *Can God Be Trusted?*, 103.

는 것에 동의하게 될 것이다.

하나님이 그분의 창조물에 관심이 있는지 아닌지를 알고 싶으면, 우리는 이 세상 너머에서 그분의 계시를 바라봐야 한다. 거기서 우리는 우리 스스로는 결코 발견할 수 없는 희망을 발견한다.

> 하나님이 세상을 이처럼(진짜로) 사랑하사 독생자를 주셨으니 이는 그를 믿는 자마다 멸망하지 않고 영생을 얻게 하려 하심이라(요 3:16).

로버트 앤더슨 경(Sir Robert Anderson)은 그의 저서 『하나님의 침묵』(The Silence of God)에서 인간의 고통과 비극에 대한 하나님의 무관심으로 씨름하다 중요한 질문을 한 후, 다음과 같이 쓰는데, 이 구절은 주의 깊게 읽을 가치가 있다.

> 그러나 우리와 관련된 모든 질문 중 그리스도의 십자가가 즉시 대답하지 않은 질문은 없다. 사람들은 지상에서 일어난 슬픈 일을 지적하고 이렇게 묻는다.
> "하나님의 사랑은 어디에 있습니까?"
> 하나님은 모든 질문에 그 십자가로 응답하신다. 모든 의심을 영원히 침묵시킬 만큼 상상할 수 없을 정도로 무한한 사랑의 표현으로 그 십자가를 지적하신다. 그 십자가는 하나님이 성취하신 일에 대한 공개적인 단순한 증거가 아

니다. 그것은 그분이 약속하신 모든 것 중에서 가장 진지한 것이다. 하나님의 최고 신비는 그리스도다. 왜냐하면, 그분 안에는 "지혜와 지식의 모든 보물이 숨겨져 있기 때문이다." 그리고 그 숨겨진 보물은 아직 펼쳐지지 않았다. "모든 사람을 그리스도 안에서 함께 모으는" 것이 하나님의 목적이다. 죄는 창조의 조화를 깨뜨렸지만, 그 조화는 지금 멸시되고 거절당한 우리 주님의 우월함에 의해 회복될 것이다.[9]

재난과 비슷한 순교에 관한 이야기를 하자면, 앤더슨은 이렇게 말했다.

그러나 그들의 영적 비전이 그리스도에 집중된 가운데, 보이지 않는 하늘의 현실이 그들의 마음을 채웠는데, 그들은 그들에게 가치가 없는 세상에서 하나님이 그들을 사랑하는 집으로 건너갔다.[10]

그들의 삶이 위태로워지면서, 그들은 예수님 안에서 위안을 찾았다고 말한다.

---

[9] Sir Robert Anderson, *The Silence of God* (Grand Rapids: Kregel Publications, 1952), 150–151.
[10] Anderson, *The Silence of God*, 152.

다마리 카버흐(Damaris Carbaugh)는 이렇게 노래한다.

> 내 안에 있는 그리스도, 영광의 소망
> 내 안에 있는 그리스도, 폭풍으로부터의 피난처
> 악한 자들이 그들의 날을 보내거나 땅의 기초가 흔들려도
> 이들 중 어느 것도 내 안에 살아 계신 그리스도를 빼앗을 수 없다.[11]

예수님은 자연의 저주와 인류의 저주를 짊어지심으로 우리가 죄로 인해 쇠약해지는 것에서 자유롭게 하셨다. 재난에 대한 하나님의 응답은 십자가다.

> 그리스도께서 우리를 위하여 저주를 받은 바 되사 율법의 저주에서 우리를 속량하셨으니 기록된 바 나무에 달린 자마다 저주 아래에 있는 자라 하였음이라(갈 3:13).

---

[11] Marie Armenia 작사, 작곡(© Penny Hill Publishing)

4. 의심에 대처

나는 믿음의 요구를 설명하기 위해 바실 미첼(Basil Mitchell)이 전한 비유를 의역했다.

> 한 저항군이 점령국에서 전쟁을 벌이던 어느 밤, 그에게 깊은 감동을 주는 낯선 사람을 만났다. 그들은 대화하며 함께 밤을 보냈다. 낯선 사람은 자신도 저항군의 편이라고 주장했다. 사실 그는 저항군의 책임자였다.
>
> 그는 이 젊은 군인에게 무슨 일이 있어도 자신에 대한 믿음을 잃지 말라고 했다. 낯선 사람에게 깊은 감명을 받은 청년은 그를 믿기로 했다.
>
> 다음날 그는 저항군 측에서 낯선 사람이 싸우는 것을 보고 친구에게 말한다.
>
> "저기 봐, 저 낯선 사람은 우리 편이다."
>
> 낯선 사람에 대한 이 젊은 군인의 믿음은 입증되었다.
>
> 그러나 다음날 그 낯선 사람은 점령 세력에 저항하는 사람들을 적에게 넘겨주는 경찰관의 제복을 입고 있었다!
>
> 청년의 친구들은 그 낯선 사람이 적을 돕고 있는 것을 보았기 때문에 그의 편이 될 수 없다고 주장하며 그에게 불평했다. 그러나 젊은 군인은 어떤 일이 있어도 낯선 사람을 믿으며 거부하지 않았다. 때로 그는 낯선 사람에게 도

움을 청하고 도움을 받았다.

그러나 때로는 그는 도움을 받지 못했다. 그런 낙담의 시기에 그는 "낯선 사람이 가장 잘 안다"라고 주장했다. 낯선 사람의 이 모호한 행동은 청년의 친구들이 "그가 우리 편이라는 뜻이라면 빨리 다른 편으로 갈수록 좋다" 라며 그의 믿음을 조롱하게 만든다. 이제 청년은 딜레마에 빠진다.

그는 낯선 사람이 결국 자신의 편이 아니라는 결론을 내릴 것인가, 아니면 무슨 일이 있어도 계속 믿을 것인가?[12]

우리는 이 비유에서 두 가지 교훈을 배울 수 있다.

첫째, 우리의 지속적 믿음은 그리스도와의 만남에 달려 있다. 예수님을 볼 때 가까이 계신 하나님, 사랑하시는 하나님, 죄를 용서하시는 하나님을 보면 고난의 문제에 대한 최종적 답이 없어도 계속 믿을 수 있을 것이다.

그래서 우리가 얼마나 믿는가에 대한 대답은 낯선 사람(그리스도)과의 우정 정도에 달려 있다. 우리가 그분을 더 잘 알수록 그분의 행동이 혼란스럽고 그분이 우리 편이 아닌

---

[12] http://72.14.207.104/search?q=cache:t5Sc3AWQXrcJ:tre.ngfl.gov.uk/uploads/materials/14455/gardener1.pdf+basil+mitchell+stranger+knows+best&hl=en&gl=us&ct=clnk&cd=3; last accessed 5/2/06.

것처럼 보일 때 그분을 계속 신뢰하게 될 것이다. 우리는 상황이 아니라 그분의 약속에 따라 우리에 대한 그분의 사랑을 판단할 것이다.

> 내가 확신하노니 사망이나 생명이나 천사들이나 권세자들이나 현재 일이나 장래 일이나 능력이나 높음이나 깊음이나 다른 어떤 피조물이라도 우리를 우리 주 그리스도 예수 안에 있는 하나님의 사랑에서 끊을 수 없으리라(롬 8:38-39).

스택하우스의 말을 다시 한번 인용한다.

> 우리는 예수님을 알기 때문에, 하나님이 모든 것에서 선하고 전능하신 분임을 알기 때문에 우리 삶 가운데서 악에 적절히 대응할 수 있다.[13]

낯선 사람을 만나게 된 우리는 희망과 위로의 말씀을 믿기 쉽다. 지도자를 잃어버리고 나중에 믿음 때문에 죽을 제자들에게 예수님은 다음과 같은 확신에 가득찬 말씀을 주셨다.

---

13 Stackhouse, *Can God Be Trusted?*, 104.

> 너희는 마음에 근심하지 말라 하나님을 믿으니 또 나를 믿으라 내 아버지 집에 거할 곳이 많도다 그렇지 않으면 너희에게 일렀으리라 내가 너희를 위하여 거처를 예비하러 가노니 가서 너희를 위하여 거처를 예비하면 내가 다시 와서 너희를 내게로 영접하여 나 있는 곳에 너희도 있게 하리라 내가 어디로 가는지 그 길을 너희가 아느니라 (요 14:1-4).

둘째, 이 비유는 교훈으로 이어진다. 악의 신비에 관한 질문은 이생에서 해결되지 않고 다음 생에서 해결된다. 언젠가 낯선 사람이 적의 편에 있는 것처럼 보였고 분쟁이 해결되지 않은 채 계속되는 것을 기억할 것이다.

그러나 하나님은 당신의 길의 신비를 우리에게(그분이 원하신다면) 설명할 영원을 모두 가지고 계신다는 것을 기억하라.

> 그러므로 우리가 낙심하지 아니하노니 우리의 겉사람은 낡아지나 우리의 속사람은 날로 새로워지도다 우리가 잠시 받는 환난의 경한 것이 지극히 크고 영원한 영광의 중한 것을 우리에게 이루게 함이니 우리가 주목하는 것은 보이는 것이 아니요 보이지 않는 것이니 보이는 것은 잠깐이요 보이지 않는 것은 영원함이라 (고후 4:16-18).

모든 종류의 악에 대한 해결책은 하나님의 구원 계획이다. 성육신을 통해 예수님은 우리에게서 멀리 떨어진 관찰자가 아니라 우리의 고통중에 함께하시는 분임을 보이셨다. 하나님은 우리에게서 멀고, 무관심하고, 생각도 없고, 단절되지도 않으신다.

우리는 하나님이 타락한 창조물을 결국 바로잡으실 것이라는 확신이 있다. 우리는 자연에 대한 하나님의 통제가 이 세상과 역사 자체에 대한 하나님의 마지막 승리와 분리되어 있다고 믿어서는 안 된다. 둘 다 믿어야 한다.

그렇다. 궁극적으로 우리 신앙의 힘은 우리가 신뢰하는 분에게 달려 있다. 그리고 우리는 낙관주의로 삶의 불확실성과 시련을 마주한 다른 사람들을 도울 수 있다.

> 우리는 예수님을 알 수 있고, 그분의 품 안에서 고통받는 세상을 받아들일 수 있고 확실한 희망을 줄 수 있다.[14]

우리의 요청에 응답하시고 이 타락한 세상의 재앙으로부터 우리를 보호해 주는 착한 지상의 아버지처럼 하늘에 계신 아버지께서 우리를 돌보시지 않는 이유는 무엇일까?

---

14 As quoted in the editorial, "Tsunamis and Birth Pangs", *Christianity Today* (February 2005), 28. Found at http://www.christianitytoday.com/ct/2005/002/4.28.html; last accessed 4/25/06.

대답은 우리의 하늘 아버지는 지상의 아버지가 우리를 사랑할 수 있는 것보다 더욱 많이 우리를 사랑하시지만, 그분은 다른 우선순위를 가지고 계신다. 우리는 건강을 소중히 여기며 하늘에 계신 아버지도 중요하다.

그러나 그분은 우리의 믿음을 더욱 소중히 여기신다. 그분은 우리를 위해 음식을 제공하는 것을 기뻐하시지만, 우리가 그분을 믿을 때 더욱 기뻐하신다.

우리는 배고프고 심지어 굶어 죽을 수도 있다. 그렇다. 그분은 우리가 그분을 가장 필요로 할 때 부재하신 것처럼 보여도 당신 자신을 신뢰할 때 기뻐하신다.

악마의 일꾼 웜우드에게 말하는 악마 스크루테이프를 상상하면서 루이스의 글을 다시 인용해 보겠다.

> 속지 마라, 웜우드!
> 그들은 이제 우리의 대의를 원하지 않으면서 여전히 적의 뜻(하나님의 뜻)을 행하려는 인간이 그분의 모든 흔적이 사라진 것처럼 보이는 우주를 둘러보고, 왜 그가 버림받았는지 물으면서도 여전히 복종할 때보다 더 위험한 것이 없다.[15]

---

15 C. S. Lewis, *Paved with Good Intentions* (New York: HarperCollins, 2005), 38.

세상에 하나님의 흔적이 없어도 그 사람은 여전히 순종한다!

하나님은 어떤 사람들이 분명한 설명도 없는 상태에서 고통을 당하면서도 계속해서 그분을 신뢰한다는 것을 증명하기 위해 일련의 상황을 설정하기를 원하신다면 어떨까?

세상에서 그토록 많은 것이 그분의 사랑과 보살핌을 거스르는데도, 전능하신 하나님에 대한 우리의 믿음이 너무 의미가 크기 때문에 오직, 우리의 헌신과 사랑을 증명하기 위해 우리가 고통을 받는다면 어떨까?

지진으로 부모를 잃은 아이들은 CNN에서 울고 있다. 그러나 이것은 이 세상 역사의 마지막 장이 아니다. 회의론자들은 확신하지 못하지만 낯선 사람을 만난 사람들은 그분이 알고 계시며 관심을 두고 계신다고 확신한다. 또한 우리는 그분이 쓰시는 책의 마지막 장이 언젠가는 얼룩진 문단의 의미를 명확하게 할 것이라고 확신한다.

캔버스에 무작위로 흘린 검은 페인트 얼룩에 관한 이야기를 기억할 것이다. 한 창의적인 예술가는 검정색 물감을 사용하여 아름다운 풍경을 그리기로 했다. 검정색 그림은 파괴적인 것처럼 보였지만 더 크고 완벽한 디자인의 일부가 되었다.

결국, 모든 불의는 응답될 것이며, 고통은 구속되고 하나님의 영광이 드러날 것이다. 세례 요한이 감옥에 갇힌 후

그는 예수님이 메시아인지 아닌지에 대해 다시 생각하기 시작했다. 우선 구약은 메시아가 오시면 죄수들이 풀려날 것이라고 예언했다(사 61:1 참조).

요한은 오늘날 하나님이 우리를 치유할 의무가 있다고 믿는 사람들과 같은 오류를 범했다. 그는 하나님의 약속에 대한 시기와 적용을 잘못 해석했다.

> … 나를 보내사 마음이 상한 자를 고치며 사로잡힌 자에게 자유를, 갇힌 자에게 놓임을 선포하며(사 61:1).

요한이 지하 감옥에 앉아 있는 한, 그리스도는 이사야를 통한 하나님의 약속을 어기고 계신 것 같았다. 그리고 나는 그리스도의 지상 사역에서 그토록 중요한 역할을 한 그가 헤롯의 죄악 된 결혼에 맞서 의로운 견해를 밝힌 것 때문에 그토록 가혹한 처벌을 받아야 한다는 것이 얼마나 불공평한지에 대해 생각했을 것이라고 확신한다.

그래서 요한은 그리스도께 대표단을 보내 여쭈었다.

> 예수께 여짜오되 오실 그이가 당신이오니이까 우리가 다른 이를 기다리오리이까(마 11:3).

그는 예의 바르지만 심하게 상처를 입었다. 예수님은 그를 실망하게 하셨다. 그에 대한 응답으로 예수님은 기적이 행해지고 있음을 요한에게 상기시키시고 덧붙이셨다.

> 누구든지 나로 말미암아 실족하지 아니하는 자는 복이 있도다 하시니라(마 11:6).

우리는 이렇게 의역할 수 있다.

"그리고 누구든지 주 안에서 불쾌해하지 않는 자는 축복받은 자다."

"그리고 주께 화를 내지 않는 사람(실족하지 않는 사람)은 복이 있다."

다음과 같이 말하지 않는 사람은 복이 있다.

"지진으로 고통을 겪은 후에 다시는 하나님을 믿지 않겠다."

하나님이 나를 불의와 학대로부터 지켜주지 않으셨기 때문에 나는 결코 하나님을 믿지 않을 것이다.

하나님의 손을 이해할 수 없을 때 하나님의 마음을 믿어야 한다는 것을 아는 사람은 복이 있다. 우리가 하나님의 목적의 신비 앞에서 경외심을 가져야 한다는 것을 아는 사람은 복이 있다.

무슨 일이 있어도 계속 믿는 사람은 복이 있다. 하나님을 자신의 하나님으로 삼는 사람은 복이 있다. 새들은 이해하기 때문에 노래하는 것이 아니라 노래가 있으므로 노래한다.

5. 토론을 위한 질문

(1) 당신은 하나님이 우리의 신뢰를 받으실 만한 가치가 있다고 믿는가?
 왜?
 그렇다면 왜?
 아니면 왜?
(2) 당신에게 24시간 동안 하나님의 힘과 지혜가 있다면 어떻게 할 것인가?
(3) 하나님의 존재나 선함을 의심해 본 적이 있는가?
(4) 왜 삶이 가장 불안정할 때, 사람들은 종종 위안을 위해 하나님께 의지하는 것일까?

제6장

친구의 질문에 답변

친구들이 자연 재해에서 하나님의 역할에 관해 물으면 우리는 뭐라고 말해야 할까?

어떤 사람들은 믿기 전에 기독교 신앙의 장점을 저울질하느라 묻기도 한다. 또 다른 어떤 사람들은 신자들이지만, 끔찍한 고통을 겪으며 하나님이 어디에 계셨는지, 그들을 신경 쓰고 계시는지 궁금해한다.

우선 우리가 모두 같은 질문을 하고 있으며, 우리에게는 준비된 답변 목록이 없고, 있다고 해도 아직 배포할 준비가 되어 있지 않다는 것을 지적하는 것으로 시작하자.

직관적으로 우리는 대화를 진전시키거나 마음을 이해시킬 수 있는 어루만질 해답이나 듣기 좋은 말이 없다는 것을 안다.

하지만 우리는 말해야만 한다!

그래서 당신은 뭐라고 말했는가?

1. 우리는 슬퍼해야 하나?

우리는 고통스러워하는 사람들을 위해 슬퍼하는 것으로 비극에 대한 모든 토론을 시작해야 한다.

우리 중 많은 사람은 자연 재해에 대해 우는 것보다 더 잘 설명하려고 노력한다!

구약성경은 예루살렘 참화 이후 예언자 예레미야가 겪은 슬픔을 생생하게 묘사하고 있다. 의심할 여지 없이 대부분의 사람은 하나님의 경고를 무시한 채 불복종했다. 하지만 하나님을 두려워하는 많은 사람 또한 포위 작전에서 죽거나 굶어 죽었을 가능성이 있다.

예레미야는 잔인한 바벨론 사람들이 왔을 때도 하나님이 책임자라는 것을 알았다. 그 심판을 내린 분은 하나님이셨지만, 예언자는 여전히 울어야 할 우리처럼 울었다.

예레미야는 마치 그 성읍이 말하는 것처럼 쓰고 있다.

> 지나가는 모든 사람이여 너희에게는 관계가 없는가 나의 고통과 같은 고통이 있는가 볼지어다 여호와께서 그의 진노하신 날에 나를 괴롭게 하신 것이로다 높은 곳에서 나의 골수에 불을 보내어 이기게 하시고 내 발 앞에 그물을 치사 나로 물러가게 하셨음이요 종일토록 나를 피곤하게 하여 황폐하게 하셨도다 … 이로 말미암아 내가 우니 내 눈에 눈물이 물같이 흘러내림이여 나를 위로하여 내 생명을 회복시켜

줄 자가 멀리 떠났음이로다 원수들이 이기매 내 자녀들이 외롭도다 (애 1:12-13, 16).

예레미야는 인간의 연민과 확고한 신학의 혼합된 모델이다. 그렇다. 하나님은 사악한 사람들을 이용해 예루살렘을 파괴함으로써 이스라엘 백성을 심판하셨다.

그러나 그 예언자는 전능하신 분께 화내지 않고, 고난을 받는 자로서 고독을 묵인하지도 않는다. 그는 폐허가 된 도시를 슬퍼한다. 그는 사람들이 너무 불순종해서 처벌을 당했다는 사실에 대해 한탄했다.

자연 재해는 우리를 잠시 멈추게 하고, 어려운 질문을 하게 하고, 우리가 세상을 생각한다면 우리를 울게 한다.

쓰나미로 인한 파괴를 바라보고 있는 사람이라면 울지 않을 수 있을까?

확실히 인간의 동정심은 동료 인간들의 상실, 고통 그리고 절망과 동일시된다. 우리는 비난의 손가락이나 초연한 태도로 재난에 접근해서는 안 된다. 하나의 비통한 마음은 고통과 뒤섞인 눈물의 또 하나의 비통한 마음만이 만질 수 있다.

어떤 대답도 개인적 동정심과 무거운 마음에서 시작해야 한다. 눈물을 낭비하지 않으려면 행동으로 이어져야 한다. 교회는 세상과 함께 고통을 받고 죽도록 부름을 받았으며, 비극이 닥친 곳보다 더 필요한 곳은 없다.

어떤 신자들은 비극 자체에 사로잡혀 고통을 받는다. 그러나 다른 사람들은 또 다른 사람들을 위해 기꺼이 희생하기 때문에 고통받는다.

나는 희망과 치유를 가져오기 위해 기꺼이 가정의 안락함을 떠나려는 사람들을 칭찬한다. 모든 사람이 피해자들에게 갈 수는 없지만, 우리는 모두 줄 수 있다. 우리는 모두 완전히 궁핍한 사람들을 위해 구호 기관을 돕는 데 참여할 수 있다.

재난이 닥치면 교회는 교회가 되어야 한다!

허리케인 카트리나의 한 생존자는 구호 요원이 집을 수리해 준 일에 대해 조사했을 때 이렇게 말했다.

> 그리스도인들이 아니었다면 여기 멕시코 연안에는 희망이 없었을 것이다. 우리는 그들이 필요했고, 그들은 나타났다.

이 세상에서 고통받는 사람들에게 신체적 필요를 먼저 돌봐 주는 것보다 더 나은 증거는 무엇인가?

하나님은 우리가 돈, 자원, 이기심으로 거머쥔 우리의 손을 풀기 원하신다. 재난이 닥쳤을 때 가장 먼저 희생과 관대함으로 대응해야 한다. 슬픔으로 시작한 다음, 이해를 구해야 한다.

2. 반드시 감사

우리는 자연 재해가 우리 세상에서 매일 일어나고 있고 더욱 심화하고 있다는 것을 기억해야 한다. 사람들은 기아, 폭풍, 질병으로 죽어가고 있다. 우리가 살아있다는 사실은 하나님의 선하심을 상기시킨다. 우리는 저주받은 땅에 살고 있으며 죽음은 우리 모두를 이따금 데려가실 것이다. 죄 때문에 이 행성은 안전한 곳이 아니다.

자연 재해는 우리가 당연하게 여기던 모든 축복을 상기시켜야만 한다. 자연 재해는 우리를 더 깊고 지속적인 감사로 인도해야만 한다. 왜 그렇게 많은 사람이 자연 재해로 죽는지 묻기 전에 우리는 다음과 같은 다른 질문을 해야 한다.

"왜 그렇게 많은 사람이(우리를 포함하여) 아직도 살아 있는가?"

우리는 햇빛과 농작물이 하나님의 자비의 표시이며 재난은 그분의 공의와 심지어 진노를 반영한다는 것을 배웠다.

그러나 얼마나 많은 사람이 주기적으로 이 행성의 아름다운 날씨와 자연이 주는 수많은 혜택에 대해 감사를 드리는가?

햇살과 음식과 건강을 가지고 살아가는 우리는 매일 하나님이 주실 필요가 없는 선물을 누리고 있다. 그분은 의인뿐만 아니라 불의한 자들 모두에게 축복을 주신다.

> 나는 너희에게 이르노니 너희 원수를 사랑하며 너희를 박해하는 자를 위하여 기도하라 이같이 한즉 하늘에 계신 너희 아버지의 아들이 되리니 이는 하나님이 그 해를 악인과 선인에게 비추시며 비를 의로운 자와 불의한 자에게 내려주심이라(마 5:44-45).

그리하여 태양은 우리를 따뜻하게 하도록 빛나고, 비는 우리를 축복하기 위해 내리고, 별들은 우리에게 하나님이 하늘에 계실 뿐만 아니라, 받을 자격이 없는 우리에게 이 땅에 수없는 자비를 주신다는 것을 상기시키려고 빛난다.

따라서 우리는 땅이 견고할 때나, 토네이도가 불지 않을 때나, 홍수가 나지 않을 때에 감사해야 한다.

예레미야의 슬픔을 묘사한 바로 그 애가서는 이 부분에 대해 다음과 같이 전한다.

> 여호와의 인자와 긍휼이 무궁하시므로 우리가 진멸되지 아니함이니이다 이것들이 아침마다 새로우니 주의 성실하심이 크시도소이다 (애 3:22-23).

생명은 선물이며 하나님은 그것을 주고받을 권리가 있다. 우리는 생명, 자유, 행복에 대한 권리가 있다고 믿고 자격을 갖춘 태도로 이 질문에 접근할 수 없다. 우리는 이런 것들을 추구할 수 있지만, 우리의 죄와 선조들의 죄 때문에 하나님은 은혜롭게 선택하신 축복을 우리에게 주실 의무가 없다.

자연 재해는 우리가 하나님께 어떻게 반응할지 결정하게 만든다. 재난 이후에 하나님이 어디에 계셨는지 묻는 사람들은 감사하지 않고 수년간 평화와 평온함을 유지했던 그분을 경배하고 존경하기를 거부한다.

그들은 좋은 때는 하나님을 무시하지만, 나쁜 때가 오면 도움을 베풀 의무가 있다고 생각한다. 그들은 자신이 건강할 때 영광 돌리지 않던 하나님에게 병들었을 때 하나님이 자신을 고쳐주셔야 한다고 믿는다.

또한, 그들이 부유할 때 무시하던 하나님에게 절박한 가난에서는 자신을 구해 주어야만 한다고 그들은 주장한다.

땅이 아직 견고할 때 예배가 거부되었던 하나님은 땅이 흔들리기 시작할 때, 역시 그들을 구해 주어야만 한다는 것이다.

우리는 하나님이 우리에게 빚지신 것이 없음을 인정해야 한다. 우리가 행하지 않으면서 하나님께 돌봐 달라고 요청하기 전에, 우리는 그분의 돌봄이 매우 분명할 때 하나님께 감사해야 한다.

우리는 항상 과분한 축복에 둘러싸여 있다. 하나님은 침묵 속에서도 우리를 축복하신다.

3. 선택

자연 재해로 인해 우리가 하나님께 어떻게 반응할지 결정해야 한다고 친구들과 이야기를 나누자. 우리는 화를 내거나 전능자에 대한 경외심 속에 서기로 선택할 수 있다. 우리는 그분을 비난하거나 경배할 수 있지만, 중립은 불가능하지는 않더라도 어려울 것이다.

그것이 바로 욥이 폭풍 속에서 자녀들이 죽었을 때 빠진 딜레마다. 번개와 강풍에 대한 소식이 그에게 전해졌을 때 그는 자신에 관한 책의 서막을 알지 못했다.

그는 하나님과 사탄이 대화를 나눴다는 것과 그가 특별한 시련을 위해 뽑혔다는 것을 몰랐다. 하나님의 목적에 대한 설명이나 어떤 힌트도 없이 번개가 욥의 모든 가축을 죽였고 대풍이 불어 그의 자녀를 죽였다.

사탄은 욥이 자신의 소유물을 빼앗긴다면 하나님 얼굴을 향해 "저주"할 것이라고 하나님께 말했다(욥 1:11). 흥미롭게도 학자들은 히브리어 "바락"이라는 단어가 문맥에 따라 축복 또는 저주를 의미할 수 있다고 말한다.

그의 아내는 슬픔에 휩싸여 욥에게 하나님을 대적하고 "하나님을 욕하고 죽으라"(욥 2:9)라고 충동질했지만, 욥은 그를 따르지 않았다. 신학자의 예리한 통찰력으로 그는 그녀를 바로잡았다.

> 그가 이르되 그대의 말이 한 어리석은 여자의 말 같도다 우리가 하나님께 복을 받았은즉 화도 받지 아니하겠느냐 하고 이 모든 일에 욥이 입술로 범죄하지 아니하니라(욥 2:10).

그는 빛나는 태양과 강력한 번개가 모두 하나님에게서 온다는 것을 알고 있었다. 언덕 옆에 10개의 새로운 무덤을 만들고도 욥은 저주가 아닌 축복을 선택했다.

하나님에 대한 응답으로 그는 다음과 같이 예배했다.

> 이르되 내가 모태에서 알몸으로 나왔사온즉 또한 알몸이 그리로 돌아가올지라 주신 이도 여호와시요 거두신 이도 여호와시오니 여호와의 이름이 찬송을 받으실지니이다 하고(욥 1:21).

다음날 상황이 더 나빠졌다. 이제 사탄은 "발바닥에서 머리 꼭대기까지 고통스러운 종기"(욥 2:7)로 욥을 때릴 것을 하나님으로부터 허락받았다. 욥은 또 선택해야 했다.

그가 하나님을 경배해야 할까 아니면 저주해야 할까?

그는 다시 예배의 길을 선택했고 설명 없이 하나님을 예배할 수 있음을 증명했다.

자연 재해는 어떤 사람들을 하나님에게서 멀어지게 할 수 있지만, 다른 어떤 사람들에게는 반대 효과를 가져와 그들을 예수님의 품에 안기게 한다. 자연의 파괴는 그들이 일시적인 것과 영구적인 것을 구별하는 데 도움이 되었다. 재난은 우리에게 내일이 불확실하다는 것을 상기시킨다. 그래서 우리는 오늘 영원을 준비해야 한다. 오늘은 영접하는 시간이다. 오늘은 구원의 날이다.

재난이 올 때 하나님은 시험을 당하지 않으시고 우리가 시험을 받는다.

4. 확고한 근거

마지막으로, 우리는 자연 재해가 우리에게 가르치는 한 가지 분명한 교훈에 도달한다. 견고해 보이는 것조차 언젠가는 우리 발아래에서 흔들릴 것이다. 우리는 할 수 있을 때 우리의 친구들이 확고한 근거를 찾도록 상기시켜야 한다.

어느 날 나는 지진에서 살아남은 한 남자와 이야기를 나누었다. 그는 그 10초가 언제 끝날지, 끝났을 때 어디에 있을지 몰라 그 시간이 영원처럼 느껴졌다고 말했다.

그는 자신의 집이 충격을 견딜 수 있다고 믿지 못해 거리로 달려 나갔다. 그 순간 그가 무엇보다 원하는 것은 확고한 근거였다.

성경은 우리의 삶이 절대로 흔들리지 않는 기초, 예측할 수 없는 자연의 힘에 영향을 받지 않는 기초 위에 세워지도록 우리에게 지시한다. 자연의 격변은 우리가 일시적인 모든 것, 결국 파괴될 모든 것에 대한 믿음을 버리게 한다. 때때로 발생하는 지진과 쓰나미는 회개하지 않는 행성에 외치는 하나님의 음성이다.

성경에 기록된 첫 지진은 하나님이 시내산에서 율법을 주셨을 때 발생했다. 떨리는 이스라엘 사람들의 입장에서 생각해 보자.

> 시내 산에 연기가 자욱하니 여호와께서 불 가운데서 거기 강림하심이라 그 연기가 옹기 가마 연기 같이 떠오르고 온 산이 크게 진동하며 나팔 소리가 점점 커질 때 모세가 말한즉 하나님이 음성으로 대답하시더라(출 19:18-19).

하나님은 사람들이 그분의 능력에 경외심을 느끼고, 함부로 그분께 다가가는 것을 막도록 적절하게 두려워하기를 원하셨기 때문에 산이 떨렸다고 믿는다.

말씀의 음성은 도덕률의 내용을 명쾌하게 설명했다. 자연의 소리는 그분의 능력과 권위를 명쾌하게 설명한다. 십계명은 그분의 삶의 규칙을 외쳤다. 자연의 떨림은 예배에 대한 그분의 규칙을 외쳤다.

그분을 두려워하는 것은 적절할 뿐만 아니라 명령이다. 자연 재해는 견고하게 보이는 것조차도 언젠가는 우리 발

밑에서 진동하리라는 것을 우리에게 가르쳐 준다.

이제 수 세기를 건너뛰고 예수님의 죽음과 동시에 일어난 지진에 대해 생각해 보자.

> 이에 성소 휘장이 위로부터 아래까지 찢어져 둘이 되고 땅이 진동하며 바위가 터지고(마 27:51).

시내산 지진과 갈보리 지진의 시기가 이보다 더 정확할 수는 없었을 것이다.

'두 번의 지진, 두 번의 계시 그리고 두 번의 심판.'

시내산에서 하나님은 그 융통성 없는 요구로 율법을 말씀하셨고, 불복종의 결과를 경고하셨으며, 갈보리 산에서는 우리의 죄로 심판받으신 가운데서도 예수님의 입술을 통해 친절과 자비의 말씀을 하셨다.

두 사건 모두 땅이 흔들리면서 하나님이 말씀하시면 산과 바위가 떨린다는 것을 일깨워 줬다. 최후의 심판 때 온 지구가 멸망하고 하나님이 재창조하실 것이다.

이 두 사건은 히브리서에서 흥미로운 해석이 주어진다. 히브리서 기자는 하나님이 시내산 땅을 흔들어 놓으신 옛 언약과 갈보리에서 제정된 새 언약을 대조한다.

이 새 언약에서 하나님은 하늘에서 말씀하시는 것으로 보인다. 기자가 직접 설명하게 하자.

> 너희는 삼가 말씀하신 이를 거역하지 말라 땅에서 경고하신 이를 거역한 그들이 피하지 못하였거든 하물며 하늘로부터 경고하신 이를 배반하는 우리일까보냐 그 때에는 그 소리가 땅을 진동하였거니와 이제는 약속하여 이르시되 내가 또 한 번 땅만 아니라 하늘도 진동하리라 하셨느니라 이 또 한 번이라 하심은 진동하지 아니하는 것을 영존하게 하기 위하여 진동할 것들 곧 만드신 것들이 변동될 것을 나타내심이라(히 12:25-27).

여기에는 세 가지 '흔들림'이 언급되어 있다.

첫째, 시내산이다.
둘째, 갈보리이다.
셋째, 아직 오지 않았다.

역사상 최악의 자연 재해는 여전히 미래에 있다!
흔들릴 수 있는 모든 것이 흔들리기 때문에 흔들리지 않는 사람만 남게 된다.
결론은 다음과 같다.

> 그러므로 우리가 흔들리지 않는 나라를 받았은즉 은혜를 받자 이로 말미암아 경건함과 두려움으로 하나님을 기쁘시게 섬길지니 우리 하나님은 소멸하는 불이심이라(히 12:28-29).

마지막 자연 재해는 세계를 두 개의 다른 왕국, 즉 흔들리지 않는 하나님의 왕국과 저주받은 자의 붕괴하는 왕국으로 나눌 것이다. 자연 재해는 지구뿐만 아니라, 지구가 영원히 지속할 것이며 세상에서 우리 자신의 위치를 예측할 수 있고 우리 힘 안에 있다는 우리의 확신도 흔든다.

자연법칙이 일관성이 있는 것처럼 보인다고 해서 우리는 하나님과 그분의 목적으로부터 우리 자신의 독립성을 무기한 유지할 수 없다. 지진과 허리케인은 생명이 짧고 이 세상에 대한 하나님의 승리가 확실하다는 것을 생생하게 상기시킨다.

고정된 모든 것이 갈기갈기 찢어질 때가 온다. 그리고 마지막 심판에서 온 땅은 하나님에 의해 파괴되고 재창조될 것이다. 그러면 영원한 것만 남게 된다. 비극은 우리가 그리스도를 단단히 붙잡고 다른 모든 것을 느슨하게 붙잡도록 가르친다.

자연 재해는 이 세상에 외치는 하나님의 메가폰이다. 그러나 그것이 하나님이 우리에게 말씀하시는 유일한 방법은 아니다. 전능자가 지나가실 때 선지자 엘리야가 주님의 면전에서 산에 올라가라는 요청을 받았다는 것을 기억할 수 있다. 다음의 말씀을 같이 읽어 보자.

> 여호와께서 이르시되 너는 나가서 여호와 앞에서 산에 서라 하시더니 여호와께서 지나가시는데 여호와 앞에 크고 강한 바람

> 이 산을 가르고 바위를 부수나 바람 가운데에 여호와께서 계시지 아니하며 바람 후에 지진이 있으나 지진 가운데에도 여호와께서 계시지 아니하며 또 지진 후에 불이 있으나 불 가운데에도 여호와께서 계시지 아니하더니 불 후에 세미한 소리가 있는지라 (왕상 19:11-12).

때때로 하나님은 외치시고 때로는 속삭이신다. 우리가 조용하다면 우리 자신의 자아도취에서 그분께로 돌이키라는 그분의 음성을 들을 수 있다. 이 땅에서의 삶의 불확실성에서 다음 삶의 확실성으로 전환하는 것, 우리 자신의 사소한 왕국을 영원한 왕국으로 교환하는 것이다.

그분의 메시지가 자연 재해를 통해 들리지 않는다면, 아마도 하나님의 음성은 우리 영혼의 고요함 속에서 들릴 것이다. 아마도 우리는 시간을 내어 그분의 자비를 깊이 생각하고 그분이 우리 주 예수 그리스도를 통해 주신 경고에 귀를 기울여야 할 것이다.

> 그러므로 깨어 있으라 어느 날에 너희 주가 임할는지 너희가 알지 못함이니라 너희도 아는 바니 만일 집 주인이 도둑이 어느 시각에 올 줄을 알았더라면 깨어 있어 그 집을 뚫지 못하게 하였으리라 이러므로 너희도 준비하고 있으라 생각하지 않은 때에 인자가 오리라 (마 24:42-44).

그러므로 우리가 흔들리지 않는 나라를 받았은즉 은혜를 받자 이로 말미암아 경건함과 두려움으로 하나님을 기쁘시게 섬길지니 우리 하나님은 소멸하는 불이심이라(히 12:28-19).

5. 토론을 위한 질문

(1) 주변 세상이 뿌리째 흔들리는 것 같은데 어디서 확고한 기반을 찾는가?
(2) 자연 재해에서 하나님의 역할에 대해 궁금해하는 친구들에게 뭐라고 말해야 하나?
(3) 당신은 재난이 닥쳤을 때, 하나님을 축복할 것 같은가? 아니면 저주할 것 같은가?
왜인가?

에필로그

1. 큰 것(BIG ONE)에 대비하라

캘리포니아를 방문할 때마다 누군가가 지진에 관해 이야기하고 있으며, 많은 주민이 로스앤젤레스와 주변 지역 대부분을 파괴할 수 있는 '큰 지진'을 예상한다. 수년 동안 지질학자들은 해안 근처에서 흐르는 샌 안드레아스 단층이 지금까지 경험한 다른 모든 사람을 압도할 수 있는 대규모 지진에 취약하다는 사실을 알고 있었다.

그러나 정말로 '큰 것'(BIG ONE)은 캘리포니아에만 국한되지 않을 것이다. 그것은 전 지구를 포함할 것이다. 그리스도께서 우리가 알고 있는 역사를 마무리하러 오실 때 지구와 그 안에 있는 모든 것이 멸망할 것이다. 죄로 저주받은 이 땅은 불에 타고 하나님은 그분의 사양에 따라 그것을 개조하실 것이다.

지난 장에서 우리는 지구의 흔들림에 대해 논했지만, 신약성경의 또 다른 구절은 우주 자체가 거대한 지옥에서 파괴되어 사라질 것이라고 말한다.

우리가 본 그 어떤 것도 그것과 비교할 수 없다.

> 그러나 주의 날이 도둑 같이 오리니 그 날에는 하늘이 큰 소리로 떠나가고 물질이 뜨거운 불에 풀어지고 땅과 그 중에 있는 모든 일이 드러나리로다 이 모든 것이 이렇게 풀어지리니 너희가 어떠한 사람이 되어야 마땅하냐 거룩한 행실과 경건함으로 하나님의 날이 임하기를 바라보고 간절히 사모하라 그 날에 하늘이 불에 타서 풀어지고 물질이 뜨거운 불에 녹아지려니와 우리는 그의 약속대로 의가 있는 곳인 새 하늘과 새 땅을 바라보도다(벧후 3:10-13).

이어지는 결론을 보라.

> 그러므로 사랑하는 자들아 너희가 이것을 바라보나니 주 앞에서 점도 없고 흠도 없이 평강 가운데서 나타나기를 힘쓰라(벧후 3:14).

우주의 마지막 멸망에서 남은 것은 하나님, 악마, 천사, 사람뿐이다. 정말 중요한 것이 무엇인지를 상기시켜 준다!

물론 현재의 땅이 재창조되고 영원히 공식적으로 시작될 것이다 (계 21:1 참조). 우리 앞에 놓인 질문은 간단하다.

'최종 판결에서 주어진 형벌을 어떻게 피할 수 있을까?'

그리스도께서 오실 때 우리가 살아있는지, 아니면 우리가 죽고 수십 년 후에 다시 오시는지 아닌지는 별 차이가 없다.

어떤 식으로든 우리는 모두 종료 시각 시나리오에 참여할 것이다. 최종 판결에 참석해야 한다.

당신이 현명하다면 '큰' 것에 대비할 것이다.

2. 최후의 저주를 피하라

여기에 좋은 소식이 있다. 이 세상은 곤경에 처했지만, 예수님은 우리를 최후의 심판에서 구하기 위해 오셨다.

> 그러나 성경이 모든 것을 죄 아래에 가두었으니 이는 예수 그리스도를 믿음으로 말미암는 약속을 믿는 자들에게 주려 함이라(갈 3:22).

온 세상은 죄의 포로다!

이 표현은 고통, 죄, 죽음이 있는 우리 행성에 대한 얼마나 생생한 묘사인가!

그러나 예수님은 자신을 믿는 사람들의 저주를 없애기 위해 오셨다. 이 구절을 다시 한번 인용하겠다.

> 그리스도께서는 우리를 위한 저주를 받아 율법의 저주에서 우리를 구속하셨다.

왜냐하면, 그 이유는 이렇다.

> 그리스도께서 우리를 위하여 저주를 받은 바 되사 율법의 저주에서 우리를 속량하셨으니 기록된 바 나무에 달린 자마다 저주 아래에 있는 자라 하였음이라 이는 그리스도 예수 안에서 아브라함의 복이 이방인에게 미치게 하고 또 우리로 하여금 믿음으로 말미암아 성령의 약속을 받게 하려 함이라(갈 3:13-14).

어떤 방식으로든 우리는 모두 종료 시각 시나리오에 참여할 것이다. 최후 심판에 참석해야만 한다. 아무도 피할 수 없다!

예수님은 자신을 믿는 모든 사람의 최후 심판을 떠맡으셨다. 우리가 그분을 우리의 죄를 대속하신 분으로 영접할 때 우리는 그분의 의의 선물을 받는다.

마치 우리가 죄를 지은 적이 없는 것처럼 하나님의 앞에서 환영받을 수 있다. 그러나 예수님은 단순한 교사가 아니라 구주셨기 때문에 우리에게 영원을 위해 준비시킬 자격이 있으시다.

대초원에 농가가 있었을 때, 바람이 좋았던 날에 집 주변에 불을 자주 피웠다. 그들은 멀리서 초원의 화재가 시작될 수 있고, 맹렬한 바람이 그들의 집을 향해 불길을 날릴 수 있다는 것을 알고 있었다.

그러나 그들이 집 주변의 풀과 잡초를 태웠을 때 그들은 이미 불이 났던 곳에 살고 있으므로 그들이 안전하다는 것을 알았다.

예수님은 단순한 교사가 아니라 구주셨기 때문에 우리에게 영원을 위해 준비시킬 자격이 있으시다. 그렇기에 우리가 예수님을 구주로 믿을 때, 우리는 이미 하나님의 심판의 불이 났던 곳에 서 있는 것이다.

> 아들을 믿는 자에게는 영생이 있고 아들에게 순종하지 아니하는 자는 영생을 보지 못하고 도리어 하나님의 진노가 그 위에 머물러 있느니라(요 3:36).

지난 장에서 배웠듯이 우리 하나님은 소멸하는 불이시다.

미주리주 목사인 키스 사이먼(Keith Simon)은 자신의 교회에 보내는 메시지에서 이렇게 말했다.

> 그리스도는 미국인들이 꽤 좋은 사람들이기 때문에 엄청난 수치와 고통을 겪기 위해 이 세상에 오지 않았다. 그리스도의 고통의 규모는 우리가 카트리나를 얼마나 깊이 받을 자격이 있는가에 기인한다.[1]

---

1 http://www.dirpodcast.com/podcasts/index.php?iid=1211; last ac-

우리가 예수님 안에서 고통을 당할 때 하나님은 멀고 외딴곳에 계시지 않는다는 것을 알게 된다. 예수님 안에서 하나님은 지옥의 마지막 고통에서 우리를 구속하시기 위해 고통을 당하셨다.

우리는 모두 다른 여러 도시로 버스 여행을 준비하면서 뉴올리언스의 슈퍼돔을 둘러싼 난민의 이미지를 기억한다. 일부 정치인은 난민이라는 단어에 반대하며 단순히 피난민이라고 주장했다.

그런데도 이 사람들은 우리 삶의 은유다. 우리도 물과 음식 없이 새로운 시작을 찾고 있다. 우리는 최종 목적지로 가는 도중에 최선을 다해 여행하고 있다. 우리에게 필요한 것은 천국에서 하나님과의 미래를 보장하는 안전한 곳, 피난처이다.

고라의 아들들은 땅이 흔들리기 시작할 때 안전을 위해 하나님께 달려오라고 우리를 초대한다. 그들은 하나님이 난민을 위한 유일한 피난처라는 것을 알고 있었다.

> 하나님은 우리의 피난처시요 힘이시니 환난 중에 만날 큰 도움이시라 그러므로 땅이 변하든지 산이 흔들려 바다 가운데에 빠지든지 바닷물이 솟아나고 뛰놀든지 그것이 넘침으로 산이 흔들릴지라도 우리

---

cessed 5/2/06.

는 두려워하지 아니하리로다 (셀라) 한 시내가 있어 나뉘어 흘러 하나님의 성 곧 지존하신 이의 성소를 기쁘게 하도다 하나님이 그 성 중에 계시매 성이 흔들리지 아니할 것이라 새벽에 하나님이 도우시리로다 뭇 나라가 떠들며 왕국이 흔들렸더니 그가 소리를 내시매 땅이 녹았도다 만군의 여호와께서 우리와 함께 하시니 야곱의 하나님은 우리의 피난처시로다 (셀라) 와서 여호와의 행적을 볼지어다 그가 땅을 황무지로 만드셨도다 그가 땅 끝까지 전쟁을 쉬게 하심이여 활을 꺾고 창을 끊으며 수레를 불사르시는도다 이르시기를 너희는 가만히 있어 내가 하나님 됨을 알지어다 내가 뭇 나라 중에서 높임을 받으리라 내가 세계 중에서 높임을 받으리라 하시도다 만군의 여호와께서 우리와 함께 하시니 야곱의 하나님은 우리의 피난처시로다 (셀라) (시 46편).

우리를 위한 기도

하늘에 계신 아버지!

저는 하나님의 길의 신비를 고백합니다. 저는 하나님의 장기적인 의제를 이해하지 못하며 하나님이 창조하신 사람들의 고통 속에 숨겨진 하나님의 목적을 이해할 수 없습니다. 그러나 저는 제가 죄인이라는 것을 압니다. 저의 죄에 대해 여러 가지 방법으로 심판을 받습니다.

그러나 저는 예수님이 저주를 없애시고 나의 반역에 대한 하나님의 의로운 분노에서 저를 해방하기 위해 돌아가심을 감사합니다. 그래서 이 순간에 저는 예수님을 저 대신에 돌아가신 주님으로 영접합니다. 저는 이 약속을 확신합니다.

> 영접하는 자 곧 그 이름을 믿는 자들에게는 하나님의 자녀가 되는 권세를 주셨으니 이는 혈통으로나 육정으로나 사람의 뜻으로 나지 아니하고 오직 하나님께로부터 난 자들이니라(요 1:12-13).

저를 받아 주셔서 감사합니다.
예수님의 이름으로 기도합니다. 아멘.